YU JIAN MINGSHI

豫见名师

YUWEN JIAOXUE ANLI JINGCUI
——语文教学案例精粹

主 编 杨 亮
副主编 台桂莲 张晓慧 刘翠丽

河南大学出版社
HENAN UNIVERSITY PRESS
·郑州·

图书在版编目(CIP)数据

豫见名师：语文教学案例精粹 / 杨亮主编.
郑州：河南大学出版社，2025. 3. -- ISBN 978-7-5649-6275-3

Ⅰ. G633.302

中国国家版本馆 CIP 数据核字第 2025802SW9 号

责任编辑　孙增科
责任校对　陈　巧
封面设计　郭　灿

出　版	河南大学出版社		
	地址:郑州市郑东新区商务外环中华大厦 2401 号	邮编:450046	
	电话:0371-86059701(营销部)	网址:hupress.henu.edu.cn	
排　版	郑州市今日文教印制有限公司		
印　刷	郑州尚品数码快印有限公司		
版　次	2025 年 3 月第 1 版	印　次	2025 年 3 月第 1 次印刷
开　本	787 mm×1092 mm　1/16	印　张	12.75
字　数	248 千字	定　价	49.00 元

(本书如有印装质量问题,请与河南大学出版社营销部联系调换。)

编　者

　　杨亮，文学博士，河南大学文学院教授，博士生导师。主要从事文学文献整理与研究、语文教育与研究工作。

　　台桂莲，安顺市平坝区第二中学正高级教师、特级教师。教育部"国培计划"中小学名师名校长领航工程首批名师工作室主持人、教育部"国培"专家、河南大学硕士生导师。

　　张晓慧，正高级教师，青海省特级教师，西宁一中语文教师。青海省初中语文名师工作室主持人，出版个人专著《慧心慧语》。

　　刘翠丽，郑州市第四十七高级中学语文学科中心主任，中学一级教师，郑州市骨干教师，郑州市文明教师，郑州市先进个人，郑州市教育局优秀教师。

目　录

前言 …………………………………………………………………………（1）
从"有序""无序"再谈语文的科学化 ………………………… 金树培（1）
多角度激发"趣味"，消除与经典的隔阂
　　——以《红星照耀中国》为例 ………………………… 台桂莲（11）
项目化学习视域下单元整体教学的创新路径
　　——以八年级上册新闻单元为例 ……………………… 张晓慧（17）
"三新"视域下自读课文的教学策略
　　——以《归园田居（其一）》为例 ……………………… 刘志远（27）
《童年》整本书阅读交流课 ……………………………………… 武艳艳（42）
《故都的秋》《荷塘月色》：不同视角下自然之美的颂歌 ……… 刘翠丽（54）
走向语文的原点与远方：生活、生长、生命 …………………… 孟红梅（59）
《记承天寺夜游》教学设计 ……………………………………… 路传银（71）
走近林徽因，体味"新月"美
　　——《你是人间的四月天》 …………………………… 张丽萍（80）
用文字滋养生命
　　——感知训练基本课型及教学案例 …………………… 周枫琳（87）
创意解读，辨史明理
　　——《项羽本纪》阅读活动设计及反思 ……………… 张书群（91）
跨学科视域下的教学实践与融合
　　——以《梦回繁华》为例 ……………………………… 刘柏含（98）
初中语文整本书阅读教学指导
　　——以《骆驼祥子》为例 ……………………………… 李　旭（102）
打造文言文教学高效课堂
　　——以《岳阳楼记》为例 ……………………………… 靳亚明（106）

《大堰河——我的保姆》悲剧语言下的哀婉………………………… 王宁珊 （110）

语文"伪学习"攻略战……………………………………………… 张蓓蕾 （115）

郑振铎《猫》文本解读

　　——真诚对待每一个生命……………………………………… 熊勇琳 （121）

《阿长与〈山海经〉》教学新视角

　　——关注人物成长，传递人间真情…………………………… 熊勇琳 （125）

《故乡》的独特视角

　　——文本细读"细"在何处……………………………………… 刘　露 （128）

观千剑而后识器

　　——论教师如何在观课中成长………………………………… 刘　露 （133）

《我的叔叔于勒》深度解读………………………………………… 夏文莉 （138）

《论语》"学"字解读

　　——以《学而》篇为例………………………………………… 黄春晖 （144）

《望海潮》与《扬州慢》联读教学设计的三次情境调整………… 余彩娟 （149）

新诗教学的四重准备

　　——从《立在地球边上放号》《红烛》《峨日朵雪峰之侧》谈起 …… 李灵玉 （162）

师生共编课本剧在语文教学中的实践研究……………………… 张佳敏 （167）

关于《荷塘月色》教学解读的纠偏和重释………………………… 李俊依 （172）

素养导向下小学语文单元整体教学设计

　　——以统编教材六年级上册第三单元为例 ……… 杨　亮　姚鑫鑫 （176）

后记 ………………………………………………………………………… （188）

前　言

"学问之追求,非止于表面之花朵,而应深挖其根本之土壤。"审视当前语文教学评价的实践现状,我们发现语文教学常被片面简化为对知识点的机械记忆与应试技巧的反复训练,从而忽略了其蕴含的深厚文化底蕴与内在逻辑体系的建构。真正的语文教学应当超越表面的文字解析,致力于追溯文本的历史根源,深入剖析其背后的文化意蕴与作者的情感世界。作为传承民族文化精髓、塑造学生核心素养的关键学科,语文教学正步入一场前所未有的革新之旅。作为教育工作者,我们深刻认识到语文教学所承载的厚重责任与复杂挑战,同时,我们也目睹了众多一线教师在教学实践中不懈探索、勇于创新的生动实践。

"踏石留印,抓铁有痕"。本书《豫见名师——语文教学案例精粹》精心汇集了河南省内众多杰出语文教师的教学精髓与实践智慧,旨在深入剖析当前语文教学所面临的困境与挑战,并通过他们生动的教学案例与深刻的自我反思,为广大语文教师提供一份极具价值的参考蓝本与启迪之光。

一、研理设教:语文教学的核心理念探讨

随着《义务教育语文课程标准(2022年版)》与《普通高中语文课程标准(2017年版2020年修订)》的颁布,语文教学迎来了新的发展机遇与挑战。新课标不仅明确了语文教学的性质、理念与目标,更将核心素养置于语文教学的核心地位。

立德树人是教学育人的永恒追求。在基本教学理念上,除了要发挥语文课程的立德树人和育人功能外,还要以核心素养为本并注重时代性,守正创新以推进语文课程的深层次改革,构建开放、多样、有序的语文课程。对语文教学的认识,要落实到如何把实践性、人文性、工具性、综合性体现出来,多年来的研究实际上是以核心素养为内核,以任务群为带动,构筑了目前中学语文教学的最核心的层次。而核心素养正是学生通过课程学习逐步形成的正确价值观、必备品格和关键能力,是课程育人价值的集中体现。在语文教学

中,新课标将核心素养具体化为语文学科核心素养的"语言建构与运用、思维发展与提升、审美鉴赏与创造、文化传承与理解"这四个方面。① 这四个方面相互关联、相互促进,共同构成了语文教学核心内容。

因此,在实际教学中教师需要紧扣新课标以贯彻语文教育新理念,但是如何将这些核心素养具体化、转化为学生的实际能力,始终是广大语文教师面临的重要课题。这需要我们深入理解核心素养的内涵,将其与教学实践紧密结合,通过设计科学合理的教学任务与活动,引导学生在语文学习中全面提升自身的学科核心素养。

此外,新课标还强调了以"学习任务群"为载体的教学内容组织方式。语文课程结构从根本任务上讲,要发展核心素养,以立德树人为根本任务,就需要以语文学科核心素养为纲,以学生的语文实践为主线,而这在设计方式上就是以学习任务群为体现。这要求教师在教学中注重内容的整合与关联,要以单元整体教学、大概念的统整性教学设计为理念,做到精准研读课标从而进行系统化、可视化的"大任务"设计与评价,构建具有内在逻辑关联的学习任务群,引导学生实现核心素养的全面发展,真正实现教、学、评三位一体。

二、博观约取:语文教学新策略的实践探索

20世纪末以来国际课程改革的总体趋势是课程目标更强调概括性和生成性,学习内容更强调丰富性和整合性②,学习环境更强调情境性和实践性,学习过程更强调自主性和关联性。我国的课程标准紧扣时代主题,但在实际的教学中,它的困境在于单元教学如何与学习任务群进行有效的衔接,这是众多学者共同致力的研究方向。

(一)单元教学与语文学习任务群衔接的困境

《义务教育语文课程标准(2022年版)》(以下简称"新课标")将课程内容以学习任务群的方式组织呈现,按照内容整合程度不断提升,分三个层面设置学习任务群,其中第一层设"语言文字积累与梳理"这一个基础型学习任务群,第二层设"实用型阅读与交流""文学阅读与创意表达""思辨型阅读与表达"三个发展型的学习任务群,第三层设"整本书阅读""跨学科学习"两个拓展型学习任务群。《普通高中语文课程标准(2017年版2020年

---

① 中华人民共和国教育部:《普通高中语文课程标准(2017年版2020年修订)》,人民教育出版社,2020年,第4页。
② 张静:《"语文学习任务群"概念创生与本质探析》,《学语文》,2023年第5期,第9-11页。

修订)》(以下简称"高中课标")同样将课程内容划分为18个学习任务群。① 高中课标是对义务教育新课标的进一步提升,对学生的学习能力提出了进一步的要求,同时二者在学生核心素养的指向上始终保持一致。从语文内容的内在逻辑体系来看,课标中学习任务群的设置是非常完备的,但也存在一个核心问题——我们在真实的课堂中如何去使用学习任务群,才能使其更好地服务于语文课堂?以下是单元教学与语文学习任务群衔接所面临的三个困境。

1. 单元教材的局限性

探寻现今语文课堂中所存在的问题,我们可以在历史中找到答案。不难发现,中国古代的教材都有明确的学习运用导向。学生全身心进入阅读阶段,使用的阅读教材有两类,即经书类和古文选类。经书类包括"五经"和"四书",古文选类如清代中叶以来流行的选本《古文观止》,也有专为应试而编的八股文教材,如清代方苞奉敕编的《钦定四书文》,里面收录的全是经典的八股文,可以作为写作八股文的范文。学生学习了《唐诗三百首》中"声律启蒙"类的技法类的知识,熟读成诵就是为了类型化的写作。古代的"课程标准"就是"四书五经",那么"命题范围"自然而然也就固定了。

古代语文教育所使用的教材庞杂而又丰富,反观现今的教材,则都是比较规范成套的语文教材。高中课标中设定了18个学习任务群,义务教育阶段设置了贯穿四个学段的六个语文学习任务群,规定了怎么教、学什么、怎么学、学到什么程度、怎么评价,并以学习任务整合学习情境、学习内容、学习方法,引导学生在运用语言文字的过程中发展语文课程核心素养。如此之多的学习任务群,如此之重的培养学生核心素养的任务,仅仅从教材中去探寻是远远不够的。

2. 忽视教学理念的转变

当代教师沿袭古代教材教法,早已习惯以单篇为主的教学方式,突然转向了以学习任务群为主的教学时,这实际上就意味着教学理念和教学方式则需要变化。这种转变"牵一发而动全身",它实际上带动着整个课程模式都发生着变化。

新教材提供了可行的教学方案,教师也要根据学情确定教学内容。当前统编高中语文教材已在十几个省市使用,而新课程理念落实情况如何?尽管各类公开课大张旗鼓地教"整本书",上"群文课",学"大单元",但回到日常课堂,很多还是老样子。这也从另一个

---

① 中华人民共和国教育部:《普通高中语文课程标准(2017年版2020年修订)》,人民教育出版社,2020年,第9页。

角度说明课程改革亟须一线教学实践检验。温儒敏说,语文课改要"守正创新",意味着要在理念上"守正",在实践中"创新",而不是在"整本书阅读""大单元设计""群文教学""项目式学习"等概念中不辨东西,更不能在"情境""任务""活动"中不能自拔,忘了语文教学为什么出发。

3. 两"高估",一"忽视"

一是高估了中小学生的普遍接受能力。高校孜孜以求的语文学习任务群的教学,却并未真正地从学生的普遍水平出发。

二是高估了教师对教材的研发能力。"大单元教学"将零散的知识统整为有意义的集合体,目的是让语文课堂从零散走向关联,从浅显走向深刻,解决实际问题。当前的高中语文"大单元教学"通常是先分篇教学再整合教学。例如,统编高中语文教材必修上册第一单元主题是"青春的价值",收入五篇诗歌、两篇小说,教师或将五篇诗歌进行整合,或将两篇小说进行整合。这样的教学往往形式大于内容,知识点之间缺乏层次性和关联性。教师在备课教学的时候,诗歌有诗歌的教法,小说有小说的教法,如果按照学习任务群生搬硬套,那么对于教师来说困境是相当大的。

三是忽视了教学的实际情况。20世纪80年代末以来,语文学习碎片化、学生主体地位缺失等问题便引起了社会的重视,而倡导学习方式改变,鼓励综合学习、重视学生主体地位的主张便不断成为热点。新课标的制定本意上是为了解决我们当下教学的一个碎片化的弊端,可它对我们真正的一线的课堂有多大的用处?它与中国真实的课堂实际有多大的关联?我们不得而知。

(二)学习任务群的落实

1. 凝练单元主题,激发学生兴趣

关于学习任务群的落实,重要问题就在于教材的单元编排体系。编辑本身似乎并没有按照课程标准或者学习任务群去编写,而是按照主题进行编排的。比如部编版必修上册(课本)第一单元,把《沁园春·长沙》《立在地球边上放号》《红烛》《百合花》《哦,香雪》放到了一起,按照任务群理念去对应此单元的主题,可以凝练出一个新的主题——青春主题。老师在讲课的时候,必须激发学生的内驱力和感染力。也就是要让学生感兴趣,要能够激发学生的思考,能激发学生对这个问题的执着和探究。

2. 选择对接任务群,树立批判性思维

比如预设一个涉及"当代文化参与"的学习任务群,"当代文化参与"对接的是文化素养的核心目标。例如,学生学习革命主题的作品,原来是看纸质文本,那么现在也可以通过纪录片、电视、电影等媒介补充知识,这便是"跨媒介的阅读与交流"。

首先,我们在读小说和诗歌时,一定涉及一些小说和诗歌的知识。比如,诗歌的意向、现代诗歌的写法,还有小说中的人物形象、语言、环境描写、心理描写等这些复杂的技法等。如果按照一个要求去涵盖,那么它们属于文学作品;如果对标高考内容,它们对标的应该是文学。高考内容中的论述类文本、文学阅读文本对标的是课程标准中"文学类阅读与写作"。此外,可以让学生对诗歌、小说评论、鉴赏,引导学生培养诗歌、小说作品的阅读和欣赏能力,提高审美鉴赏能力和表达交流能力。

其次,盲目地接受教学,是养不成批判思维能力的。对学生来讲,思维能力要远远大于所有的能力。因为没有思维能力,只会是盲目地接受观点,从而导致学生无法在整个研究的过程中去思考真实的语文教学。比如说学生在接受一个观点、阅读一部作品的时候,要思考文章为什么这样写,其目的是什么,其关键的要素是什么。

语文课程标准必须对接实际的中学课堂。好多人说语文课堂是要开放的,多元的,人们对于"开放"是有误区的,开放是指教师教育理念的开放,并不是课堂的完全开放。中学的课堂必须是一个封闭的状态,不能是无限的放开的状态。不同于高校课堂,中学的课堂带有很强的实用指向,这个实用指向就是教材。从这个角度来讲,中学的教材是封闭的,指向是明确的。那么,语文教师要做到精准把握教材选文,瞄准指向,就必须拥有开放广博的教育理念,在教学实践过程中知不足而精进不休,立其志而履践致远。

三、精进不休:语文教师的专业成长与智慧

第一,走专业化教师路径,探究学生共通问题。教师专业化是指教师在整个职业生涯中,通过专门训练和终身学习,逐步习得教育专业的知识与技能并在教育专业实践中不断提高自身的从教素质,从而成为教育专业工作者的专业成长过程。语文教师的专业成长是提升语文教学质量的关键。作为一名优秀的语文教师,不仅需要具备扎实的专业知识与教学技能,更需要具备深厚的文化底蕴与人文素养。同时,教师还需要不断更新教育理念与教学方法,以适应时代发展的需要与学生的学习需求。特级教师王栋生曾经说过,语文教师应当热爱写作[1]。若教师本身就不爱写作,他又该怎样去教学生写作呢?语文教

---

[1] 王栋生:《这是我的一片土地》,《人民教育》,2008年第2期,第50-55页。

师只有提升自己的写作水平,经常练笔,提高语文素养,给学生加以示范,才能够在学生写作时做出精确的指导并提出明确的建议。

第二,实施"教学评一体化",促进学生素养发展。"教学评一体化"是指一种完整的教学活动应该包括的三大方面:"教"指向教师,教师在把握核心素养的基础上,能够有效分析单元主题,确定单元任务,通过教学设计与实施,完成立德树人的育人目标。"学"指向学生,在教师的课堂引导下,学生积极主动地参与课堂活动,成为一个独立自主的人。"评"是为了促进"学"和"教"。

"教学评一体化"的整体评价标准的落实需要注意多个方面。首先,教师需要基于课程标准,聚焦单元主题、课文文本、学生学情这三大方面在单元中确定学习任务,描述单元活动。其次,把活动拆解成任务,依据课程标准添加和修改单元任务。再则,学习任务要有可视化评价,要多角度开展评价活动。从主体方面,于教师而言,要鼓励学生从被评价者转变为评价活动的积极参与者,同时教师一定要研读课程标准,要有大概念的观念,在评价要求方面,要明确评价要求和评价标准细则。

《豫见名师——语文教学案例精粹》一书,汇聚了河南省内外众多语文教师在教学领域中的精髓与新颖见解,深刻展现了我们对教育事业的执着追求与勇于探索的精神风貌。我们坚定秉持"立足中原,辐射全国,致力于成为研究型教师"的核心理念,这不仅是响亮的口号,更是实践行动的坚固基石。

我们致力于通过跨学科教学模式的尝试、语文教学方法的革新,以及对教育理念的持续更新,不断提升教学质量,全面促进学生的综合素质发展。然而,我们也清醒地认识到,本书尚存一定的局限。受限于时间与篇幅,未能全面覆盖所有教学领域的议题,亦未能详尽展现每位名师及研究生的教学魅力与风采。同时,随着教育理念的日新月异与教学技术的飞速发展,新的教学难题与挑战正不断涌现。

因此,我们将本书的出版视为一个新的起点,决心继续深化教学改革的探索,为教育事业的发展贡献更多智慧与力量。展望未来,将继续秉持"求真务实"的崇高精神,不断总结过往经验,勇于开拓创新。我们热切期待与更多教育工作者并肩同行,共同揭开教学的神秘面纱,携手共创教育事业的辉煌未来。

从"有序""无序"再谈语文的科学化

金树培

《中学语文教与学》杂志2005年第5期曾刊登了罗钦鸿的文章,题目是"无序:影响语文教学效率的又一痼疾",副标题是"也为课标进一言"。① 文章从谈语文教学的"少慢差费"入手,认为语文教学长期高耗低效的重要原因是语文教学的无序。只要解决了"序"的问题,语文教学的低效率问题也就解决了,据此作者对新课标提出了尖锐的批评,认为仍是无序。文章谈的是语文教学的一个大问题,颇有见地,有些想法很有创意,如初中、高中的语文学习目标可借鉴普通话水平等级测试的办法制定出不同的等级标准等。

虽是语文的大问题,却不是新问题,说"又一痼疾",好像不曾被发现似的,其实不然。另外,文章对语文教学的"序"的一些理解与观点,也失之偏颇。

其实,语文教与学的"有序""无序"问题一直是语文研究中的一个根本性问题,即语文的科学化问题(语文的科学化一般包括序化和量化两大内容,但广义上的序化包含了量化,与科学化是大体等义的)。这一直是语文教育专家们最为关注的问题,而且有理论有实践,有经验有教训,现在正是到了站在前辈专家的肩膀上,在以往理论、实践、经验、教训的基础上总结探索前进,以期修成"正果"的时期。

一、什么是语文的"序"

首先我们明确一下什么叫"有序"。序,就是事物的顺序、秩序、条理性、逻辑性,有序

---

① 罗钦鸿:《无序:影响语文教学效率的又一痼疾——也为课标进一言》,《语文教学之友》,2005年第5期,第14-15页。

的东西都有自身的条理和内在的逻辑联系,往往形成一种从易到难,从简单到复杂,环环相扣的顺序和秩序。这些顺序和秩序是不能随便打乱的。有序的事物往往更容易理解和把握,人们可以拾级而上或步步深入,收到事半功倍的效果。一旦乱而无序,便不易理解和把握,往往事倍功半。各学科教材中,最容易被感受到这种"序"的是数理学科,例如数学,要学习乘除运算必先掌握加减的运算,因式分解定要安排在解方程的前面来教学。显然正因为数理学科的这种"序"是相当地严格而稳固,不能随意打破,所以才会出现某些甚至是程度很好的学生隔了一段再去听数学课,发现听不懂了,甚至缺了一堂课就听不懂了,要想听得懂必须把前边落下的补上才行。这便是学科本身的"序"使然。好的教材应当充分体现学科本身的这种"序",体现了这种"序",这教材就叫"有序",否则为无序,有序事半功倍,无序事倍功半。受此启发,人们在思考,语文学科有无这种序呢?为什么语文学科隔了一个月两个月,甚至更长的时间,学生走进教室也很少发现一下子听不懂了的现象?语文教材能否编得如数理学科一样"有序"呢?好让师生拾级而上,渐入佳境,彻底变"少慢差费"为"多快好省"。可以说这一美好理想及对这一美好理想的探索,从1903年语文单独设科伊始便开始了。一百年来,一代又一代的语文教育专家、语文教育工作者的探索、尝试,有突破,有进展,也有成就,遗憾的是至今没有真正找到语文的这个"序"。所谓语文教育科学化(或"语文科学化"),其实也就是想找到语文的"序",一旦找到了"序"然后循"序"制定课程标准,循"序"编写教材,教师循序而教,学生循序而学,语文教学的痼疾便可治愈了。

二、历史的追寻

为什么语文教育科学化这一美丽而重大的语文研究课题没有被攻下来呢?这恐怕不仅仅是一个投入不足的问题。数理学科怎么就那么容易"科学化"了呢?看来这里还有更深层的原因,为了说明这一问题,让我们简单回溯一下我国语文教育的演进轨迹和以往对语文教育科学化的研究与实践。

从古代的诗人、作家、学者等文化名人直到近现代的章太炎、鲁迅、郭沫若、朱自清、钱锺书、茅盾、叶圣陶、季羡林等文化泰斗,他们没有今天的语文教材和语文课堂教学,可他们非凡的语言文学造诣和令人望洋兴叹的语文素养是怎么来的呢?历史告诉我们,他们就是听——诵——背;认——读——背;积累——消化——运用;运用——积累——消化——运用……简言之,靠的是积累与运用有机结合与反复演练,走的是一条量变到质变的路子。那时的私塾学馆虽也有老师,但老师开始是不讲的,只是让你生吞活剥地背下去。到了一定的年龄,量的积累差不多了才"开讲",把你背过的子曰诗云之类,拿出来要言不烦地讲一讲大致意思。

随着时代的演进、社会的发展,科举被废除,现代学校教育取代了传统的塾馆式教育,语文单独设科,于是就产生了一个语文教育教学效率问题。新式教育取代了旧式教育,学生在学校要学的内容,除了语文还有数学、理化、生物、历史、地理、体育、美术、音乐等许多课程。不像古时候只学子曰诗云、之乎者也就行了。每天不可能像古人那样有那么多的时间去背书。时间少了,还要保持高效率该怎么办?新时代虽然不要求学生达到古人那种文言的和传统文化的水平,但正确、熟练地运用祖国语言文字的能力,具有健全的人文品位,为一生的生活、学习、工作打下良好的基础,还是必需的。怎样才能以最少的时间收到最大的效益呢?

人们以为解决语文教育效率问题的根本办法是实现语文教育科学化,找到语文教育的规律性的东西。大家一致觉得,古代那种在学生根本不理解的情况下让学生大量地背下来灌进去的做法是不顾语文规律的死记硬背,是以学生有充足的时间为前提的笨办法,是低效率的,应该找到更好的办法,使语文学习从模糊走向清晰,从恶性积累走向理性认知,从"以多胜少"走向"以少胜多",希望由原来的十吨矿石提炼一桶金子变为一吨矿石就能提炼出一桶金子。于是一场旷日持久、艰难困苦的研究探索开始了,人们力求找到语文规律性的东西,使语文教育走上科学化有序化的道路。大家的努力没有白费,应该说收获还是很大的。在广泛借鉴西方语言文化理论的背景下,现代汉语、古代汉语、修辞学、逻辑学、语言学、语言心理学、语文教育学、文章学、写作学、语文教学法等新的学术门类诞生了,古代汉语、现代汉语、修辞学等是研究语文自身规律的,有了这些学问,我们的汉语也可以进行理性分析了,如"未之有也"是宾语前置,条件是在否定句中且由代词作宾语。再如"起来,饥寒交迫的奴隶"是主谓倒装句。"飞流直下三千尺,疑是银河落九天""松排山面千重翠,月点波心一颗珠"等句子之所以美妙,是因为运用了夸张、比喻、对仗等修辞手法。文章的写作被抽绎出记叙、抒情、描写、说明等表达方式,各种文章有了文学作品和实用文之分,实用文又可分为记叙文、议论文、说明文等体裁……应该说,我们对语文自身规律的探索和研究已经相当全面深入而成果丰硕。

有了词汇学、语言学、修辞学、逻辑学、文章学、写作学等这些研究成果,人们以为语文教材按照这些理论知识由易到难循序安排,便可以使语文教育科学化,从而改变语文教学"少慢差费"的不良局面。于是教材把上述种种语文的理性知识归纳为若干个适合于中小学生学习的知识点(主要归纳为字、词、句、篇、语、修、逻、文几个方面),按照从易到难的顺序分布到各册课本,再选编一些相应的课文与之配合并辅之以相当数量的课后练习,以为以这种方式编排语文教材就可以使语文教育科学化了。遗憾的是这种教材使用了几十年,语文教育的整体情况并不见大的好转,仍被诟病为"少慢差费"。约言之,到目前为止,我们一直未能解决语文教育的科学化问题。于是人们开始反思:用这种以语文的系统理性知识带篇子的方法学习语文,并不是解决语文教育低效率的灵丹妙药,加上这些年语文的工具性被极端化,语文教学还产生了人文性流失的严重弊端。在20世纪末的语文大讨论中,重视人文、返璞归真、重视积累、培养语感、回归传统等观点的声音异常响亮。于是乎,这次新的课程改革推出的新教材放弃了原来教材的编排方式,主要从人文的角度组成单元和编排课文。语文新课标还显著地淡化了语法、修辞等语文知识,参与课标研制的专家解读课标时也明确指出,语法修辞等语文知识中小学不必学得太多,而且不用考试。

可以说新教材的"无序"是对原大纲和教材的否定与反拨,是总结以往经验教训的结果,而罗钦鸿老师的文章又对新课标、新教材提出了尖锐的批评。以前的"有序"效果不佳,新的变革又遭批评,我们究竟该怎么办呢?语文究竟该不该提"科学化""序化",究竟能不能真正找到这种"科学化""序化"的东西呢?有的专家不无偏激地把语文科学化批得一无是处,几乎把所有的语文弊端都归罪于语文科学化。① 有些权威学者对语文科学化进行历史梳理时既摆其功,又列其过,却没有明确指出语文能不能科学化,有没有正确的科学化的路子。总之,一时间语文科学化似乎成了人人喊打的过街老鼠,弄得大家不敢再理直气壮地讨论语文科学化问题了。

三、语文究竟能不能"序化"

实际上语文科学化不仅是我国语文教育史上的一件大事,而且是我们不能回避的最重要的语文教育改革现实。

我们以为,首先必须承认语文教育是有规律可循的,语文的"科学化""序化"不仅应该提,而且应该全力以赴去研究它、发现它,因为任何事物都有其内在规律性(这是哲学铁律),语文教育教学的规律性,即"科学化""序化"当然也是存在的。这一点是毋庸置疑的。一些语文教育的"人文论"者强调语文的灵活性、模糊性、情感性和艺术性,反对"语文教育

---

① 潘庆玉:《科学主义语文教育观评析》,《山东教育科研》,2000年第6期,第12-15页。

科学化"的提法并把以往人们为语文科学化做出的种种努力一概讥为"科学主义",是有欠公允的。

当然语文科学化有自身特点,与数理学科不完全一样。数理学科的科学化之所以较容易做到是因为它有两个特点非常明确:一个是学科自身的线性递进关系,即由浅入深,从易到难,环环相扣,不可或缺的逻辑关系特别明显;另一个是数理学科教学的基本特征是理性认识在前,实践运用在后,教学数理学科,首先是教师帮助学生把某些公式、规则、定理等理解清楚(即便在提倡发现学习、研究性学习的今天也没有必要让学生重复祖冲之的工作用若干年的时间去发现 π),然后进行操作演练,进而解决实际问题。例如,先让学生理解把握了三角形、圆形等的面积公式,然后才是针对实际应用题目去运用这些公式解决问题。

与数理学科相比,语文实际上也存在环环相扣、拾级而上的线性递升逻辑结构,如不先学习汉字,就无法进入书面语言,不掌握一定量的词汇就无法组织丰富的语言,不学习汉语拼音,查了字典也不能确切地了解字的读音,等等。但是语文的这种线性的逻辑结构远没有数学来得严谨、具体、明晰,如学习掌握 3500 个常用汉字,先学哪几个,后学哪几个就不是绝对的。现在的学生先习白话文后接触古文,鲁迅、郭沫若、朱自清、叶圣陶那一代人先学习古文,后接触白话,前者不仅古文水平赶不上后者,白话文甚至也赶不上后者,需要特别注意的是,后者并没有学习过白话文著作,没有受过今天学校这种白话文教学训练,可他们都成为语文大师,语体文写得非常好。显而易见,语文的科学化不能硬套数理学科的模式,而应根据自身的特点寻找自己的正确路径。

语文学习的规律性究竟是什么呢? 有两种现象需要特别注意。其一是,孩子从小学习语言不是从理论而是从感性开始的,不需要讲解任何字、词、句、章的理论知识,孩子听得多了,一岁左右便会说话了。许多学生语文水平高往往不是听老师讲课的结果,而是"得益于课外看书"。① 王力、钱穆、启功、沈从文、魏书生、钱梦龙、佟培基等没上过几年学却成为语文大家的人也不在少数。这一切都说明了语文学习的一个重要特点,即语言学上所讲的"自然习得",古代文人的那些学问都是这样子来的。所谓"熟读唐诗三百首,不会作诗也会吟"就是讲的这个道理。其二便是,语文的模糊性、灵活性与不确定性。可以说语文的灵性、艺术性和语文的魅力也正在于此,"一千个读者就有一千个哈姆雷特",虽然都是哈姆雷特,但每个人头脑中的哈姆雷特都是不同的,甚至差别很大。怎么理解周朴

---

① 吕叔湘:《当前语文教学中两个迫切问题》,《人民日报》,1978 年 3 月 16 日。

园、路瓦栽夫人、高加林、焦仲卿这些文学形象的特点与意义,往往会存在很大差异,不像数学1+1=2,任何时候任何人计算出来的结果都一模一样。而我们现在的语文教学实践,特别是标准化试题导向下的大量机械的重复训练,恰恰破坏了语文这种灵活性和艺术性。实际上也是破坏了它的科学性。

我们只要尊重并遵循语文的特殊性,并对其进行深入研究,语文教育是可以"序化""科学化"的,但不能完全沿着"老路"走。罗钦鸿老师呼吁语文要"有序"是对的,但绝不能是原来以文体知识、汉语知识等"语文基础知识"为经,以一篇篇选文为纬,以大量的工具性习题操练为织的那种"序"。我们必须走出语文教育科学化的新的正确的路子。

四、语文该实现怎样的"序化"

鉴于上述分析,我们认为语文要科学化,使无序变为有序,起码应做到两个方面的科学化,即语文本身的科学化和语文教育教学的科学化。

(一)语文本身的科学化。就这一方面来说,以往文字学、词汇学、语法学、修辞学、写作学、文章学等对字、词、句、篇等语文自身的内部规律的研究成就还是巨大的、有价值的,还可以继续研究下去(这里不展开论述)。

问题是全靠语文自身的科学化只是解决了一部分问题,事实已经证明,这些研究成果并不能直接引发语文学习效率的大幅提高。

(二)语文教育教学的科学化。这是更加重要的一个方面,但是一百年来我们做得不好的,恰恰是在这一方面走了许多弯路,于是就"少慢差费"。现在需要花大力气解决的正是这一方面。

那么怎样才能做好语文教育教学方面科学化呢?许多专家发表过不少有价值的意见,如李海林先生说:"语文教育科学化的一个重要标志,就是细化。将混沌一片的问题细细分拨开来,分门别类加以研究和探讨,能够突破混沌的外壳,深入语文教育的内部,发现语文教育的一些不为人知的重要规律和特点。"顾德希先生说:"语文教学的内容,有模糊的一面,也有可以搞清楚的一面。本该模糊的,却非要搞清楚,结果造成语文教学中非必要性的'学科知识'的膨胀。本该搞清楚,也能搞清楚的,却长期处于模糊状态,比如,不同年级该纠正哪些常用错字,是笔糊涂账;语文基本能力该不该有合理的层次等级,似乎被认为是怪问题;最基本的项目缺乏起码的量化研究,'教学质量'等没有标准。这些都说明,我国语文教学的科学化水平还很低,远没有达到什么'主义'的水准。"①我们同意他们的观点,认为我国的语文教育研究、改革和实践无论从理论上还是教学技术性操作上,距离真正的语文"有序"化、科学化还很远,因此,必须花大力气深入研究下去。这项任务不是少数人可以承担的。

实现语文教育教学的科学化,目前能够说得比较清楚,可以肯定又亟须立即动手去做的大致是以下几点:

1. 教材编写的科学化。要充分体现叶圣陶先生"课文只是些例子"的思想和吕叔湘先生"学习语言的一般过程"先是"模仿",继而是"变化",最后是"创造"的思想,关键在以少带多,让学生做了"例题"之后要做大量的"习题",但一定要做真正的习题。这真正的习题便是大量的文章与书籍,而不是现在练习册上的那些东西。这一方面,在小学有丁有宽、窦桂梅、韩兴娥、高子阳等老师的经验可以借鉴;在中学有洪镇涛、李希贵、王泽钊、严凌君、赵谦翔、黄玉峰等老师的经验可以借鉴。当然原有教材编写的一些优势还是要借鉴和保留的。应当特别指出的是,新课改之后推出的新教材已经有不小的改进,但如果从科学化的角度来要求,应该是还有不小的提升空间。

小学尤其小学低年级段的教材要把识字教学放在极其重要的地位,要能够大大提高识字效率,可以大胆借鉴几十年来涌现出来的各家各派快速识字实验的成功经验,如字族文识字、韵语识字、大成全语文教育实验等。争取小学两年完成现在六年的识字写字任务,小学段完成现在整个九年义务教育阶段的识字写字任务(只要识字教学真正科学化了,这一目标是可以实现的)。识字教学效率低一直是语文"少慢差费"的第一个瓶颈性制约因素,要通过语文科学化从根本上解决这一问题。

2. 目标要求的科学化。起码是要做到积累性目标和运用性目标的科学化。

(1) 积累性目标的科学化。必须在大量调查研究的基础上为不同年级起码是不同学段的学生提出一个字、词、句、篇的明确而具体的量与质的标准,即要量化与具体化。这方面过去曾是一片模糊,现在明晰多了,新课标就提出了识字量、阅读量、记诵量等的具体标准,如到九年级累计最少认识汉字3500个,背诵古今诗文240篇。但是新课标做得还不够。一是词汇量没有提出量化指标。这个问题是一定要解决的,英文四级、六级、八级考试都大致有词汇量要求,为什么汉语不能?对外语言教学可以提出明确的词汇量要求,对内语言教学也应该能够这样。研究成熟之后,每一年级语文课本后面都应附上一个相应

---

① 江明:《问题与对策——也谈中国语文教育》,教育科学出版社,2000年,第66页。

的词汇量要求,甚至列出一个必须掌握的词汇表(表中词语可以是课文中没有出现的)。二是这些已提出的量化指标的科学性还需要进一步研究。例如,九年义务教育第一学段即一、二年级认识汉字 1600~1800 个,后来只说 1600 个,没有了达到 1800 个的要求;1~6 年级背诵古今优秀诗文 160 篇(段),7~9 年级背诵 80 篇(段)①。这个背诵的量化标准 2001、2011、2022 三个版本的语文课标始终没有变化。这些规定是否科学准确,是否可以再多一些? 在我们看来,如果走正确的语文科学化道路,这些数据都保守了一些。根据我们的经验,其他还有许多地方可以做减法,然后把节省的时间用到正确的事情上来。

关于语文积累性目标,笔者经过多年的研究曾提出并实验过一个针对高中层次学生的量化标准,收到了很好的效果。积累内容是字、词、句、篇四大项,大致是:识字量 5000 个,词汇量 25000 个,格言警句量 2000 条,古今精美诗文 300 篇(四项都要达到烂熟于心,能自由提取运用的水平)。初中、小学可据此酌减,如规定九年级学生的识字量不能少于 4000 个。当然这个指标的科学性还需要进一步深入研究。

关于语文学习目标的量化问题,正确的意见应该是这样的:该量化的一定要量化,不该量化的就不要勉强量化。当然首先要弄明白哪些该量化,哪些不该量化。

(2) 运用性目标的科学化。要明确提出不同年级,不同学段听、读、说、写应达到的语文能力标准。新课标在这方面已有突破但也还做得很不够。运用性目标的科学化比积累性目标的科学化还要难做,难做也要做,也可以参考普通话三级六等的做法。2006 年教育部和国家语委颁布了面向中等文化水平的《汉字应用水平等级及测试大纲》,并于 2007 年在上海、河北两地进行试测。(2016 年,这个测试大纲又推出来了最新修订版本,之后的测试是依据这个修订版进行的。)这项测试把汉字应用水平分为一、二、三级,有量的标准与要求,更有质的即运用水平的标准与要求。语文教学完全可以在这一测试方案的基础上制定出更科学的量化标准,从而大大推进语文教育的科学化。

3. 方法艺术的科学化。起码要从根本上否定目前仍被许多教师大量使用着的分析课文法、题海战术法、抄背解词与现成答案法、被动接受法等。例如,能否要求语文教师上课就是组织引导学生读、背、说、写,教给他们读、背、说、写的方法,而不要为其他事情浪费时间。当然语文教学方法艺术的科学化并不反对人文性和灵活性,不是要搞出一套机械的所谓模式。在这一点上我们赞同程红兵老师有序无序相统一的观点,即"有序而不是一

---

① 中华人民共和国教育部:《义务教育语文课程标准(2022 年版)》,北京师范大学出版社,2022 年,第 7-15 页。

潭死水,无序而不是一团乱麻。于无序之中见有序,于有序之中显自由"。但是我们不能同意他对"有序"的理解,另外他所说的"无序"实际上是更高层次上的"有序",正如混沌阅读理论所言,"形成一个看似无序却有规律的混沌教学系统","混沌序是更为高级的有序"。

  4. 评估检测的科学化。起码要认识到目前的检测与评估办法,尤其是中考、高考长期使用而舍不得放弃的标准化考试,从整体上根本上看是错误的,与真正的语文科学化是背道而驰的。例如,现代文阅读一类试题挖空心思地把主观题转换为客观题,貌似科学而实际上产生了许多错误导向,语文教育实践中许多误区和荒唐作法往往是这种试题引起的。充斥大小书店的复习资料,题海战术中孩子们成年累月也做不完的,把最富情趣的语文学科做得兴趣全无的那些五花八门的试题已经给我们的语文教学造成了毁灭性的恶果,这一点是有目共睹的。一句话,我们的语文检测评估办法已经到了非彻底改革不可的地步了。首先,可以考虑大大增加主观题,例如作文完全可以占到60%甚至70%的分值,我们宁可把力气和成本花在如何改进提高作文批改的准确性科学性上。其次,就是考试要多样化,不能只有书面考试,还可以进行分项考试。再则,是评估检测队伍的专业化。有资料表明,现在中考、高考拟卷评卷工作的弊端和非科学化问题十分严重,许多都与拟卷评卷队伍素质不高有关系。因此,拟卷评卷人员必须专业化,实行资格培训制度,建立拟卷评卷队伍人才库,然后抽签轮流持证上岗。

  语文教育教学科学化还可以换一个角度去研究,如先研究学的规律,再研究教的规律。如对大量语文学得好的人进行个案研究和抽样调查,看他们是怎样学习语文的,让他们说语文该怎么学怎么教。还要对特别优秀的语文教师进行个案研究和抽样调查,看他们教语文的规律究竟是什么。最后把两方面的调查研究结合起来,力求找出共性的规律性的东西来,从而推进语文教育教学科学化。

  当然上述几大方面都是举例性的提及而已,实际上每一方面都是一个重大研究课题。尽管如此,我们还是认为,如果有一批一流的语文教育专家和语文名师协同努力攻关,花上几年工夫,语文科学化问题是可以得到比较好的解决的。

  当前特别需要强调的是,不是语文科学化错了,而是以前语文科学化的探索与实践的取向和具体方略方式都出现了重大偏失,走入许多误区。我们不能随意给语文科学化戴上"科学主义"的帽子,更不能让语文科学化成为语文教育研究的禁区。谁也不会反对语文的人文性和艺术性,但它们与语文的科学化应该是对立统一、相辅相成的辩证关系,而不是非此即彼、相互排斥的关系,何况人文性、艺术性本身也有自己的"序"。

参考文献

[1] 罗钦鸿.无序:影响语文教学效率的又一痼疾[J].中学语文教与学,2005.

[2] 潘庆玉.科学主义语文教育观评析[J].山东教育科研,2000.

[3] 吕叔湘.当前语文教学中两个迫切问题[N].人民日报,1978.

[4] 李海林.语文教育研究大系(理论卷)[M].上海:上海教育出版社,2005.

[5] 江明.问题与对策:也谈中国语文教育[M].北京:教育科学出版社,2000.

[6] 中华人民共和国教育部.义务教育语文课程标准(2022年版)[M].北京:北京师范大学出版社,2022.

【作者简介】

金树培,新乡学院文学院教授,北京师范大学高级访问学者。

多角度激发"趣味",消除与经典的隔阂

——以《红星照耀中国》为例

台桂莲

一、教学目标

1. 挖掘文本深层的价值,读作者,读题目,读目录,读文本,读教材,产生诸多与事实有关的阅读问题,激发阅读兴趣,产生深层阅读的心理冲动。
2. 学习阅读方法,提升阅读质量。

二、教学重难点

1. 结合文本内容及助读材料,从不同的角度激发学生的阅读兴趣。
2. 挖掘文本深层的价值,激发学生的阅读欲望。

三、教学过程

课前导入:播放电影《闪闪的红星》片段。

同学们,这是电影《闪闪的红星》片段,电影主题歌曲《红星歌》重复率特别高的词语,是哪个词?老师小时候也是听着这首歌长大的,对里面一句歌词印象非常深刻:"红星是咱工农的心,党的光辉照万代。"这句话也一直伴随着老师的成长。我们今天要读的书,名

字里面也有"红星"两个字,并且毛主席曾经高度评价:这本书真实客观地向全世界介绍了中国共产党和中国红军。那么请大家高声读出这本书的名字。

(一) 读作者,明精神

1. 各位同学,你们都读过这本书吗?

材料一:一个特殊的年代,铜墙铁壁,新闻封锁;有这样一个人,他冲破国民党严密的封锁线,经过四个多月的实地考察,收集了14本密密麻麻的笔记本,拍摄了30卷胶卷,第一个向世界报道了红军长征的消息;有这样一本书,使中国千千万万的青年,义无反顾地走上了革命之路。

2. 一个特殊的年代,一个特殊的人,埃德加·斯诺写成了《红星照耀中国》这部特殊的书。他为什么会有那么大的影响力?(引出纪实作品特点)

材料二:为什么会产生如此经久不衰的阅读魅力?多少年过去了,它非但没有在书山书海中淹没,反而愈发光彩地照耀着中国,我想它的美丽来源于一点——真实。

——曹文轩

材料三:"这些故事却是中国的革命青年们所创造、所写下的。这些革命青年们使本书所描写的故事活着。"

"这本书的一大部分也不是我写的,而是毛泽东、彭德怀、周恩来、林伯渠、徐海东、徐特立、林彪这些人——他们的斗争生活就是本书描写的对象——所口述的。"

3. 读助读材料,你觉得埃德加·斯诺这个美国记者是什么样的人?

材料四:1937年,七七事变后,埃德加·斯诺在(北平)参加日军召开的一次记者招待会时大声质问:"为什么要在中国领土上进行军事演习?为什么借口士兵失踪动用大兵?为什么侵略者不撤兵回营,反叫中国军队撤出宛平?"他敢于在日军的招待会上去质问日军,当中国人民受到日本人的迫害的时候,斯诺是积极地掩护、帮助中国人民。我们能看出来斯诺的身上体现出一种浓浓的情感。

分析人物精神,让学生明白斯诺探寻真理的精神,和中国人民之间的深厚情谊,同样以此为兴趣点,再次激发学生的阅读兴趣。

(二) 读题目,明红星

《红星照耀中国》,这本书除了当年在国统区为了方便出版,曾经改名为《西行漫记》以外,它一直都叫这个名字,我想请问为什么作者不给这本书取名字叫《红军的故事》,或者叫《西北建国》,为什么叫《红星照耀中国》呢?你能告诉老师,"红星照耀中国"这几个字是什么意思吗?

(三) 读目录,明内容

斯诺为什么会对中国共产党和中国红军有这么足的信心?这本书又到底记录了什么?我想请同学们结合老师提供的目录,在小组里面交流讨论,大胆地猜测一下这本书到底讲了什么内容。

通过目录,引导学生猜测本书的大概内容。

小组合作,讨论交流发言,让学生明白本书大致内容。

(四) 读文本,明美点

选取本书片段、相关资料,引导学生表演、朗读、思考、讨论,发掘本书的兴趣点。

学生表演、朗读,发表自己的见解,感受本书体现的文学之美、红色之美、精神力量,激起阅读的兴趣。

(五) 读教材,明方法

展示课本对纪实作品阅读方法的指导,让学生梳理这类作品该怎么读。

(六) 总结

用毛主席的话来总结课堂。指导学生朗读毛主席的话:

红军,由于他自己的斗争,从军阀手里,争得自由。产生了一种不可征服的力量。反日义勇军从日本侵略者的手里夺得行动自由,也同样地武装了自己。中国人民如果加以训练,武装,组织,他们也会变成不可征服的伟大力量的。①

同学们,《红星照耀中国》这本书,它就像红星在闪闪发光,在熠熠生辉。我希望各位同学能够用你们美丽的眼睛、美丽的心灵去发现这部作品的文学之美,去发现它体现出来的红色之美,去发现长征和斯诺身上体现出来的精神力量之美,再结合我们书上提供的各种你喜欢的阅读方法,去读这本书,去品味这本书,从中获得启发,让自己成长起来、成熟起来,做一个社会主义的接班人。我希望你读完这本书之后,也能够变成毛主席口中不可

---

① 埃德加·斯诺:《红星照耀中国》,人民文学出版社,2016年,第24页。

征服的伟大力量。

(七)作业

1. 选择自己感兴趣的专题,制作阅读计划(阅读内容、时间规划、读书方法)。
2. 阅读过程中,制作人物卡片,记录人物生平、人物外貌、人物形象等信息。

(八)板书

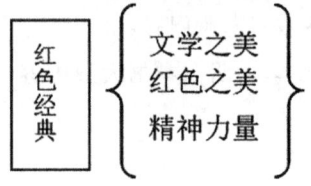

四、设计反思

《红星照耀中国》这部纪实作品,很多老师没读过。暑假,我们工作室发起名著阅读活动,交流中发现相当一部分老师读不进去,读不懂,觉得枯燥。调查学生的阅读情况,许多学生也是不喜欢阅读这本书的。那么如何消除学生与经典的隔阂,激发学生的阅读兴趣,就显得尤为关键。因此,本课力求从自身阅读感受出发,和学生一起品读作品的兴趣点,让《红星照耀中国》的文学价值、政治意义和精神力量,还有作者身上探寻真理的品质打动学生,使学生产生阅读的欲望。

(一)五读文本,让红色档案"活"起来

《红星照耀中国》对于中国人民和世界其他国家的人民了解中国红色革命史是一部很有意义和价值的重要著作。在教学过程中,我紧扣文本,一读作者,明精神;二读题目,明重点;三读目录,明内容;四读文本,明美点;五读教材,明方法。以"五读"带领学生去感受《红星照耀中国》的魅力,并使之成为学生阅读的兴趣点。同时结合课本上提供的阅读方法指导,让学生既有"兴趣",又懂得方法,便于课后开展自主阅读。这"五读"是基于学生不喜欢读这一学情,读"一个特殊的年代,一个特殊的人,埃德加·斯诺写成了《红星照耀中国》这部特殊的书"。震撼学生心灵,激发学生的阅读兴趣。然后从标题到内容到读法,带领学生由浅入深感受名著之美,随着课堂环节的推进,让红色档案在学生心里鲜活

（二）文本细读，让学生体验"活"起来

《红星照耀中国》真实、客观地记录了中国共产党领导工农红军进行革命的历史事实，见人见事，有血有肉，极具学习价值。但由于已经是过去八十多年的事情了，当时的环境与新时代相比，迥乎不同，学生难以有切身的体会和认识。"革命领袖有共同的信念、英勇善战、忠诚坚定，他们都是被重金悬赏的值钱人物"，随后选取了国民党反动派用重金悬赏毛泽东、周恩来、彭德怀首级的句段，让学生从精读品析中感知：因为他们心中有国家，他们有伟大的理想，他们想要拯救祖国于危难之中，想要拯救万民于水火之中，当然他们更加有坚定的信念，他们坚信中国共产党、中国红军能够为人民谋幸福，为民族谋复兴，所以他们甘愿放弃家里面优越的物质条件，出来参加艰苦卓绝的革命斗争。另外在教学中我要补充助读材料，在任务驱动下，有逻辑地推进课堂教学，点燃学生的思考欲，激发阅读兴趣。

（三）设置问题，让学生的思维"活"起来

《义务教育语文课程标准(2011年版)》指出："要重视培养学生广泛的阅读兴趣，扩大阅读面，增加阅读量，提高阅读品位。提倡少做题，多读书，好读书，读好书，读整本的书。"学生在初中阶段必须从整本书阅读中培养思维能力，提升思维品质，在整本书阅读过程中不断地建构知识体系和积累经验。教师在整本书阅读中通过设置有意义的问题，帮助学生提升思维品质。如为什么作者不给这本书取名字叫《红军的故事》，或者叫《西北建国》，为什么叫《红星照耀中国》呢？都需要学生运用高阶思维进行思考。

回顾整节阅读课，整堂课信息量略大，未能进行深入阅读和学习探究，但是对激发学生的阅读兴趣方面来说，比较成功。

参考文献

[1]施牡丹,何亨达.以项目化学习推进《红星照耀中国》整本书阅读[J].语文建设,2023.

[2]管晨曦.《红星照耀中国》整本书阅读教学策略[J].学语文,2023.

[3]李猛.开放性·梯度式·情境化：《红星照耀中国》专题阅读设计[J].中学语文教学参考,2021.

[4]谢秋霞.红色悦读 立德无声:《红星照耀中国》整本书阅读人物专题研究[J].中学语文教学参考,2021.

[5]卢燕.借助整本书阅读提升学生理想信念的有效策略研究:以红色经典阅读为路径[J].西北成人教育学院学报,2023.

[6]冯淑娟.例谈纪实性作品的教学设计[J].中学语文教学参考,2021.

【作者简介】

台桂莲,贵州省安顺市平坝区第二中学特级教师,正高级职称,省级名师。

项目化学习视域下单元整体教学的创新路径

——以八年级上册新闻单元为例

张晓慧

项目主题:关注社会,我是小小新闻人
融合学科:美术

一、问题提出

(一)课标依据

1. 课程性质

《义务教育语文课程标准(2022年版)》指出:"语文课程是一门学习国家通用语言文字运用的综合性、实践性课程。工具性与人文性的统一,是语文课程的基本特点。语文课程应引导学生热爱国家通用语言文字,在真实的语言运用情境中,通过积极的语言实践,积累语言经验,体会语言文字的特点和运用规律,培养语言文字运用能力;同时,发展思维能力,提升思维品质,形成自觉的审美意识,培养高雅的审美情趣,积淀丰厚的文化底蕴……语文课程致力于全体学生核心素养的形成与发展,为学生学好其他课程打下基础;为学生形成正确的世界观、人生观、价值观,形成良好个性和健全人格打下基础;为培养学生求真创新的精神、实践能力和合作交流能力,促进德智体美劳全面发展及学生的终身发

展打下基础。"①

2. 总目标

《义务教育语文课程标准(2022年版)》总目标提出:"关心社会文化生活,积极参与和组织校园、社区等文化活动,发展交流、合作、探究等实践能力,增强社会责任意识。感受多样文化,吸收人类优秀文化的精华……学会运用多种阅读方法,具有独立阅读能力。能阅读日常的书报杂志……乐于探索,勤于思考,初步掌握比较、分析、概括、推理等思维方法,辩证地思考问题,有理有据、负责任地表达自己的观点,养成实事求是、崇尚真知的态度。"②

3. 发展型学习任务群

"学习跨媒介阅读与交流。通过多种媒介关注国内外政治、经济、社会、科技、文化等方面的新鲜事,比较不同媒介的表达效果,尝试探究不同媒介的表达特点;阅读新闻报道、时事评论等作品……学习活动可以采用朗读、复述、游戏、表演、讲故事、情景对话、现场报道等学生喜闻乐见的形式,将识字、写字、阅读、写作、口语交际、搜集处理信息等融为一体。"③

"语文课程是一门学习国家通用语言文字运用的综合性、实践性课程。"④教师在进行新闻单元项目化学习的时候,让学习者将新闻文体的学习和日常生活巧妙地融为一体,以突出新闻的实践性特征。新闻不是纯客观的事实叙述,它也透露出作者的思想情感,教师在这一单元学习中注意引导学生区分客观事实和主观态度。

(二) 教材依据

新闻单元采用任务导向的方式构建整个单元的教学内容,共规划了三项核心任务,包括新闻阅读、新闻采访及新闻写作。这三项任务彼此紧密关联,且每一项任务均构成学生在本单元中需达成的学习目标。

---

① 中华人民共和国教育部:《义务教育语文课程标准(2022年版)》,北京师范大学出版社,2022年,第1页。
② 中华人民共和国教育部:《义务教育语文课程标准(2022年版)》,北京师范大学出版社,2022年,第6页。
③ 中华人民共和国教育部:《义务教育语文课程标准(2022年版)》,北京师范大学出版社,2022年,第25页。
④ 中华人民共和国教育部:《义务教育语文课程标准(2022年版)》,北京师范大学出版社,2022年,第1页。

任务一是新闻阅读,包含五篇课文,涵盖了通讯、特写、消息等多种新闻体裁,展现了新闻体裁的多样性。在学习了前两篇课文之后,学生已经对"消息"这一新闻体裁有了初步的认识。因此,在实际的项目化作业设计中,可以将前几则消息与这两课进行比较阅读,引导学生从时效性、写作手法、篇幅长度等维度,总结出消息、特写和通讯等新闻体裁之间的差异。通过这种比较,学生能够掌握各类新闻体裁在结构和语言表达上的特征,为后续的新闻采访和新闻写作打下坚实的基础。

任务二是新闻采访,它以学生生活中经常发生的一些热点事件和活动为切入点。例如,让学生们以"抗击疫情"为主题,选择采访对象进行实地采访。从新闻选题会的召开、报道题材的确定、采访方案的制定,再到新闻采访提纲的草拟,新闻采编过程中的每一个环节都要让学生切身体验、操作。

任务三是新闻写作,学生可以依据自己的需求去选择合适的新闻体裁进行报道,全面完整地展现新闻事件。而拓展任务包括了不同学生的发展和兴趣,学生们可以自由编辑报纸或网页。①

(三)现实依据

自2020年初开始,新冠疫情牵动了我们所有人的心。2022年新冠感染卷土重来,西宁疫情面临严峻形势。为了战胜疫情,西宁无数医护人员、公安、街道工作人员和勇于奉献的志愿者们集结成一道安全屏障,对外抗击疫情,对内保护群众的生命安全。在项目化学习中,学生通过阅读、采访等手段来获取信息,经过深入分析,编写抗击疫情小报。在编写小报的过程中培养了感恩之心,有利于培养正确的世界观、人生观、价值观。

二、驱动问题

如何通过实践活动学习新闻知识?

三、项目描述

《中共中央 国务院关于深化教育教学改革全面提高义务教育质量的意见》指出:"探

---

① 罗以澄:《新闻采访与写作》,高等教育出版社,2019年,第2页。

索基于学科的课程综合化教学,开展研究型、项目化、合作式学习。"①依据《义务教育语文课程标准(2022年版)》以及"双减"政策,切实能减轻学生负担,开展项目化学习。一是通过项目任务驱动单元中的三个甚至更多学习任务,实现教材学习任务的整合;二是项目化学习实现了由封闭课堂向广阔生活世界的延伸,有利于实现课内外教学资源的有效整合;三是项目化学习以项目为载体,整合单元学习内容,借助学习单元,通过合作学习,帮助学生实现由低阶认知向高阶认知发展,提高阅读效果,培养学生的语文素养;四是项目化学习重视实践活动,学生选择自己有兴趣的领域进行研究和学习,在"有趣"的问题驱动下,学生在持续探究与实践中,通过自主学习、合作探究,提升学习素养。依据教材"双线组元"的课程设计思路,始终贯彻立德树人的课程目标,落实语文学科核心素养。

新闻单元是初中语文教材中的第一个"活动·探究"单元,在此之前学生没有接触过这种类型的单元形式,可能会产生困惑,但也会产生浓厚的探究欲望。所以教师在设计项目化学习任务时,要通过驱动性问题来激发学生探究的欲望。本项目在八年级开展,项目学习时长为2周,始终关注新闻,旨在让学生在老师的引导下,学习新闻知识,尝试新闻采访,编写小报。在项目化学习的过程中学习了知识,了解了事实,提升了语文素养,达到了促进学生全面发展的目的。

四、素养目标

(一)新闻单元教学目标

1. 知识与技能

(1)理解新闻"用事实说话"的基本原则,了解常见新闻题材的基础知识;阅读消息、新闻特写、通讯等不同体裁的新闻作品,了解新闻内容,把握各自特点,学习读新闻的方法,培养新闻阅读技能。

(2)熟悉新闻采访的一般方法和步骤。一是要获取新闻线索,发现新闻,二是要寻找可靠的信息源,核对新闻事实的基本要素。②

---

① 中华人民共和国教育部:《中共中央 国务院关于深化教育教学改革全面提高义务教育质量的意见》,2019年。
② 罗以澄:《新闻采访与写作》,高等教育出版社,2019年,第1-2页。

(3)学习撰写新闻,并尝试其他新闻题材的撰写和新闻编辑工作。

2．过程与方法

(1)通过搜集资料、观看视频、采访调查等方式,提高自主学习能力、动手实践能力、沟通能力,培养合作意识和创新精神,提高策划组织、分工合作、交流沟通的能力。资料搜集过程中,培养学生筛选和提炼信息的能力。

(2)培养捕捉新闻线索、抓住新闻热点的能力。

(3)培养良好的倾听习惯、自然得体的交谈习惯。

3．情感态度价值观

(1)养成关注现实、关心时事的习惯。增强社会责任心。

(2)形成实事求是、客观冷静的思维方式。

(3)学会清晰、准确、言必有据的表达方式。

(二)美术学科教学目标

加强学习活动的综合性和探究性,把学生生活经验和美术课程联系起来,以激发学生的想象力和创造力,提高审美能力,并培养对自然和社会的热爱及责任感,以形成创造美好生活的能力。

五、核心任务

第一阶段

具体环节	教学活动
环节一:情景驱动	1. 教师播放《疫情下的女外卖员》新闻视频,学生畅谈对新闻的认识。 2. 教师结合"技巧点拨",讲解新闻知识。
环节二:了解新闻的要素和结构	1. 教读《消息二则》,学生了解新闻的结构:标题、导语、主体、背景、结语。 2. 自读《首届诺贝尔奖颁发》,学生合作探究新闻的要素和结构。
环节三:比较不同新闻题材的异同点	比较阅读《"飞天"凌空——跳水姑娘吕伟夺魁记》《一着惊海天——目击我国航母舰载战斗机首架次成功着舰》《国行公祭,为佑世界和平》,完成表格,总结概括出不同新闻体裁在标题、结构、语言等方面的特点。

第二阶段

(一) 入项活动

我是小小新闻人——前线疫情我关注

具体环节	实践活动
环节一：情景驱动	播放视频《2020平凡英雄》，学生思考：面对疫情中这些平凡却温暖的举动，作为一个新闻人，你如何制作一份抗击疫情小报来致敬他们？
环节二：头脑风暴	针对上述问题进行头脑风暴：要撰写一份抗击疫情小报，我们需要做什么？
环节三：确定项目计划表	师生共同制定项目计划表，包括学生需要完成的各项任务、时间节点。

(二) 知识运用,能力培养

我是小小新闻人——前线疫情我采访

具体任务	实践活动
任务一：成立项目小组，确立选题	1.教师组织学生分组，成立4—6人项目组，分别召开新闻采访选题会，确定小组采访对象。 2.采访任务分工。 3.小组合作，草拟采访提纲。
任务二：学习优秀案例，修改提纲	1.教师提供两则采访实例，学生学习采访目的、主题、地点、方式、问题等的设计方式。 2.小组合作，完善之前草拟的采访提纲。
任务三：实地采访，过程评价	1.各小组根据修改后的采访提纲，明确分工，实地采访。 2.采访过后，小组成员根据表现进行自评和互评。

第三阶段

(三) 深入实践,培养学习素养

我是小小新闻人——新闻写作初尝试

具体任务	实践活动
任务一：材料整合，信息筛选	项目小组成员将自己组内在采访过程中的资料进行汇总、筛选。

续表

具体任务	实践活动
任务二:区分新闻中的客观事实和情感态度	教师播放同一事件不同报道的新闻,小组分析两则新闻中作者的观点和立场是什么。思考:针对一件事,为什么会有两种情感态度?
任务三:探讨新闻观	1.教师播放一则恶意颠倒黑白的视频,小组思考这样的报道有怎样的社会影响,并探讨正确的新闻观。 2.小组互评本次新闻写作表现。

(四)新闻写作,形成成果

具体任务	实践活动
任务一:新闻写作	1.项目小组根据要报道的主题,筛选调整后的素材,选取适当的新闻体裁,运用新闻知识尝试新闻写作。 2.将摄影照片和所写的新闻加以编辑,最终完成小报的编排。
任务二:评论与修订	1.根据评价量规,各项目小组对小报的文字和排版等进行评价和建议。 2.教师引导并提出调整建议,项目小组自行完成调整,形成项目学习成果。

第四阶段

(五)公开成果

1. 班级组织抗击疫情小报的展示,邀请任课教师进行评价。各项目小组互评:最佳摄影奖、最美版面奖、最佳新闻奖。

2. 将每组的小报送到社区受访者的手上。

3. 遴选优秀的小报制作展板,在学校微官网上进行宣传,让更多人感受抗击疫情的温暖。

(六)反思和迁移

1. 我的新闻稿有没有抓住新闻的特点,所用的体裁是否合适?

2. 这份抗疫小报的优点和缺点各有哪些?

3. 在团队合作中,我的表现如何?今后如何加强团队合作?

4. 这次小报编辑,我的口语表达、语言运用、思维能力和写作能力得到提升了吗?

(七)项目评价

1. 过程评价

项目	内容	个人评价 (优、良、差)	小组成员评价 (优、良、差)
能力提升	信息搜集、筛选与整合能力		
	口语交际与语言表达能力		
	新闻知识运用与写作能力		
团队合作	分工配合		
	积极参与		

2. 成果评价

项目小组编号	新闻小报评价指标			总分
	新闻写作(50分)	版面设计(25分)	插图、照片摄影(25分)	

3. 表现评价

奖项类型	评价指标			总分
	其他项目小组评价(50分)	任课教师评价(25分)	受访者评价(25分)	
最佳新闻写作奖				
最佳编辑奖				
最佳摄影奖				

六、活动复盘

在项目化学习中,学生们在老师的引导下围绕主题进行实践性学习,孩子们走出教室,走进社会,用自己的方式感受生活。

（一）在真实情境中培养能力

本次项目化学习借助驱动问题这一真实情境，完成了新闻阅读、新闻知识的学习、新闻采访和写作，在学习过程中，赋予了学生学习的自主权。整个实施的过程中，始终采用合作的方式，培养学生的协作和沟通能力，任务设置为学生的语言表达能力、写作能力、交往能力提供了锻炼与展示平台。任务的驱动促使学生发现问题，并通过各种途径寻求解决问题的方法。项目化学习改变了以教师为中心、以课堂为中心和以书本为中心的现象，教师起到了学生学习活动的设计者、组织者和引导者的作用。学生由低阶学习向高阶认知发展，让学习的过程充满了意义，培养了学生的学习素养。

（二）在项目学习中培养社会责任

在此项目化学习中，老师把疫情的"危"转为教育的"机"，本次活动是开展课程思政的一次生动实践。教师引导学生关注疫情，观察和感知生活，在对现实问题的深入思考中，培养孩子的社会责任感。本次活动，给孩子播撒了一颗感恩的种子。

（三）在多元评价中快乐成长

《义务教育语文课程标准（2022年版）》指出，语文课程评价包括过程性评价和终结性评价。过程性评价重点考察学生在语文学习过程中表现出来的学习态度、参与程度和核心素养的发展水平。①

本次活动在评价设计上，采用过程评价、成果评价和表现评价三种方式，评价主体、评价内容、评价方式多元化，把学生参与项目化学习活动的表现纳入评价范畴，着重考察学生在真实情境中表现出的情感态度和语文素养。学生在多元评价中体验到了语文学习的快乐，锻炼了实践能力。这次项目化学习是促进学生知识运用能力、读写能力和审美能力提升的一次很好的实践。

参考文献

[1] 杨葛莉,陈艳华.以项目式学习突破"活动·探究"单元实施困境:以八年级上册

---

① 中华人民共和国教育部:《义务教育语文课程标准（2022年版）》,北京师范大学出版社,2022年,第46页。

新闻单元教学为例[J].语文建设,2020.

[2] 肖培东.以诗歌的方式学习诗歌:九年级上册"活动·探究"单元教学思考[J].语文建设,2020.

[3] 徐溪.新闻单元教学策略的调整与优化[J].语文建设,2021.

[4] 沈烨萍."活动·探究"单元作业设计谈[J].中学语文教学参考,2022.

【作者简介】

张晓慧,青海省西宁市第一中学教师,正高级教师,青海省特级教师。

"三新"视域下自读课文的教学策略

——以《归园田居(其一)》为例

刘志远

教学设计

一、教与学目标

(一)语言建构式细读:增加诗歌语言的敏感性

1. 读出诗歌的韵律(押韵、节奏)。
2. 读出"依依墟里烟"中"依依"一词的语境意。
3. 读出"守拙归园田"中"守拙"一词的外延义。

(二)审美鉴赏式精读:体验诗人人生的诗意美

读出"方宅十余亩……鸡鸣桑树颠"的"画面感"和"意境美"。

(三)文化传承式品读:内化文学的穿透力

1. 印证田园诗派文学特征(题材范围、语言特点)。
2. 感悟陶渊明的文人风骨。

二、教与学重点

1. 读出"方宅十余亩……鸡鸣桑树颠"的"意境美"。
2. 感悟陶渊明的文人风骨。

三、教与学难点

感悟陶渊明的文人风骨。

四、教与学过程

（一）导课

师：同学们！这一节课我将与大家一起展示刘志远主持的省级课题"高中语文的教学评一致性研究"的研究成果①。让我们以热烈的掌声欢迎今天到场的专家和老师们！

（二）授课

1. 知人论世——PPT展示"陶渊明的诗意人生"

知人论世——"陶渊明的诗意人生"

少年有两种高趣——白丁时（出生—29岁）

出生和经历使他思想中融入了儒、道不同的精神，形成了"猛志逸四海"和"性本爱丘山"两种彼此矛盾的人生志趣。

中年误落尘网中——入仕中（29岁—41岁）

陶渊明叹道："我岂能为五斗米折腰向乡里小儿。"遂"敛裳宵逝"，挂印辞官。

晚年复得返自然——归隐期（41岁—贫病而卒）

◇开创了田园诗派　◇彰显了文人风骨

---

① 刘志远：《"定群"教　"深度"学　"探究"练——探寻新课标、新教材、新高考视域下实用性信息类阅读备考新策略》，《中学语文（上旬·教学大参考）》，2022年第13期，第83-87页。

2. 教与学活动:始于阅读

(1) 活动一,语言建构式细读:增加语言的敏感性

学生活动:一起大声诵读《归园田居》全文

回答诗歌押什么韵。

男生活动:诵读"方宅十余亩……鸡鸣桑树颠"

回答这段诗歌的节奏。

女生活动:诵读"方宅十余亩……鸡鸣桑树颠"

回答以下两个问题:

◇"依依墟里烟"中"依依"的语境意,教材为什么采用了"隐约的样子"?为什么又补充注释"一说'轻柔的样子'"?

◇《诗经·采薇》中"昔我往矣,杨柳依依;今我来思,雨雪霏霏"中的"依依"又该作以上两种解释的哪一种?为什么?

学生活动:一起大声诵读"少无适俗韵……守拙归园田"

要求学生关注"守拙归园田"中"守拙"一词的外延义。参见教材注释⑨[守拙]持守愚拙的本性(本义),即不学巧伪,不争名利(外延义)。①

教师活动:对"守拙"一词的外延义继续加以延伸……

(2) 活动二,审美鉴赏式精读:体验人生的诗意美

学生活动:精读(默读)"方宅十余亩……鸡鸣桑树颠"

回答:这一段诗歌所呈现的画面感强不强?或者说美不美?又是怎么感受到强烈的画面感和诗意美的?

教师提供方法指导

指导:◇联想想象 ◇知人论世

教师引领深度阅读

引领:心理上的某种体验:静→安静→宁静→寂静(更好)。因为"寂静":宗教意,指摆脱一切烦恼、忧患的纯静心境。→"意境美":"寂静"→内心安宁→才能不被"俗韵"俗住,不被"尘网"网住,不被"樊笼"笼住→才能达到人生的境界,才有诗意的人生。

---

① 中华人民共和国教育部组织编写:《普通高中教科书语文必修上册》,人民教育出版社,2019年,第59页。

(3)活动三,文化传承式品读:领略文学的穿透力

学生活动:品读全文

找出体现田园诗派题材范围和白描语言特点的具体诗句。

师生共同参与活动:以"狗吠深巷中,鸡鸣桑树颠"为例,抓住诗歌"善用白描",写一则文学短评(200字左右)。

师生共同参与活动:先后展示各自的"文学短评"。

学生活动:继续品读

用诗歌中一个词来回答:为什么陶渊明的人生志向从"猛志逸四海"转向"性本爱丘山"?

师生共同参与活动:以2020年感动中国十大人物之一黄文秀的颁奖词为例,给陶渊明写一个"颁奖词"(150字以内)(5分钟)。

师生共同参与活动:展示各自对陶渊明的"颁奖词"。

教师活动:立足大单元教学理念,明确指出,不仅局限于陶渊明的文人风骨,也不只限于陶渊明式的文人风骨。本单元中还有……他们都是我们青年学子应该学习的榜样,都是你我人生追求向阳的典范。

收课:回归阅读

师生共同参与活动:师生一起把自己"当成"陶渊明,齐声、大声朗读《归园田居》!

五、作业

1. 结合本单元曹操《短歌行》,填下表:

篇目	诗歌主旨	作者	人生态度(用诗歌中诗句回答)
《短歌行》		曹操	
《归园田居》		陶渊明	

2. "好读书,不求甚解"语出陶渊明《五柳先生传》,这种"读书之法"是否适合学生自读课文《归园田居》的阅读?为什么?写一则短文,表达看法。(200字左右)

教学实录

师:上课!(教师与学生问好)

同学们!大家上午好!这一节课我将与大家一起展示刘志远主持的省级课题"高中

语文的教学评一致性研究"的研究成果。让我们以热烈的掌声欢迎今天到场的专家和老师们!

生:(鼓掌!)

(板书课题)

师:上节课学习了曹操的《短歌行》,全诗表达了诗人对时光流逝的感慨和建功立业的宏愿。这节课我们学习陶渊明的《归园田居(其一)》。

现在请允许我带领大家走近陶渊明,去领略"陶渊明的诗意人生"。(动态展示PPT,同时伴以轻音乐)

(1)少年有两种高趣——白丁时(出生—29岁)

陶渊明出生官宦之家,但八岁丧父,家庭衰微,与母亲和妹妹艰难度日。渐长,他苦读了《老子》《庄子》,还钻研了《六经》。出生和经历使他思想中融入了儒、道不同的精神,形成了"猛志逸四海"和"性本爱丘山"两种彼此矛盾的人生志趣。

(2)中年误落尘网中——入仕中(29岁—41岁)

出任彭泽令。他到任81天,逢浔阳郡派遣督邮(汉代各郡的重要属吏。代表太守督察县乡,宣达政令兼司法等。至于"督邮"的形象,可以参见《三国演义》第二回张翼德怒鞭督邮何国舅谋诛宦竖)至,属吏提醒他"当束带(整饰衣冠,以示庄重)迎之",陶渊明叹道:"我岂能为五斗米折腰向乡里小儿。"遂"敛裳宵逝",挂印辞官。

(3)晚年复得返自然——归隐期(41岁—贫病而卒)

◇开创了田园诗派——题材范围:以田园生活为主要描写对象的诗歌。主旨倾向:"写出对官场生活的厌倦,同时还表达了辞官归隐、躬耕田园的自由、喜悦之情"。语言特点:语调平淡舒缓;表达技巧多用白描手法。

◇彰显了文人风骨——淡泊名利、清高孤傲、内心高洁、精神自由、人格独立、气节高标。

(给学生3分钟背诵"田园诗派"和"文人风骨")

师:同学们!我想运用多重阅读的方法,并采用活动的形式引导你们阅读他的诗歌《归园田居》,进而印证他田园诗派的文学特征和感悟他文人风骨的内涵。

一、语言建构式细读:增加语言的敏感性

师:同学们!请大家先一起齐声、大声诵读全文。

生：(读。)

师：请问，诗歌的韵律，即"押什么韵"？

生：押"an"韵。

师：请男生一起诵读：

"方宅十余亩，草屋八九间。榆柳荫后檐，桃李罗堂前。暧暧远人村，依依墟里烟。狗吠深巷中，鸡鸣桑树颠。"①

男生：(诵读！)

师：请问诗歌的节奏？

生："方宅/十余亩，草屋/八九间。榆柳/荫//后檐，桃李/罗//堂前。暧暧/远人村，依依/墟里烟。狗吠/深巷中，鸡鸣/桑树颠。"②

师：请女生一起也诵读这一段，注意按照节奏诵读。

女生：(诵读！)

师：请问，教材中"依依墟里烟"中"依依"的语境意，注释"[依依]隐约的样子。一说'轻柔的样子'"，为什么教材采用了前者"隐约的样子"？为什么又补充注释"一说'轻柔的样子'"，有原因吗？

生1：我认为两种解释都可以，只是"隐约的样子"好一些，与"暧暧"构成对举结构。因为"暧暧"：迷蒙隐约的样子。

生2：我认为"轻柔的样子"更好，因为"依依"是形容"墟里烟"的，烟当然是"轻柔的"。

师：如果结合诗歌前后语境，我赞同生1的说法，教材显然也更倾向"隐约的样子"；如果结合词语具体语境，我认为生2的说法也有道理。

师：那么，《诗经·采薇》中"昔我往矣，杨柳依依"中的"依依"又该作以上两种解释的哪一种？为什么？

生3：我认为应该作"轻柔的样子"解读更好，因为形容的是"杨柳"，并且不是遥远的视觉，不存在"隐约"的感受。

师：你分析得真好！

学生鼓掌！

师：请大家一起诵读：

---

① 中华人民共和国教育部：《普通高中教科书语文必修上册》，人民教育出版社，2019年，第59页。
② 中华人民共和国教育部：《普通高中教科书语文必修上册》，人民教育出版社，2019年，第59页。

"少无适俗韵,性本爱丘山。误落尘网中,一去三十年。

羁鸟恋旧林,池鱼思故渊。开荒南野际,守拙归园田。"①

现在请你们关注:"守拙归园田"中"守拙"一词的外延义。参见教材注释⑨[守拙]持守愚拙的本性,即不学巧伪,不争名利。我对此加以延伸:斋戒其心,物我两忘,把天然的心灵归于自然万物而达到"尊时守位""民胞物与""天人合一"的人生境界,从而培植自我生命里灵魂的"融洽"。

请同学们记忆教材注释⑨和感悟阿远老师延伸的内容(给学生2分钟背诵时间)。

生:(记忆→感悟。)

师:同学们!对诗歌语言的建构只是诗歌阅读的第一层次。下面,我们进入阅读诗歌的第二层次。

二、审美鉴赏式精读:体验人生的诗意美

师:同学们! 请精读(默读一遍)"方宅十余亩……鸡鸣桑树颠"这一段。

生:(默读。)

师:请大家运用联想想象和知人论世,回答这一段诗歌所描写的画面感强不强? 或者说美不美?

生1:画面感强,并且美。

生2:画面感强是强,但不一定美。

…………

师:请说说你们各自的理由。

生1:画面感强,并且美。因为这一段正好与前一段形成鲜明的对比,前面像"羁鸟""池鱼"一样受到"约束",现在突然"归园田"而自由自在。陶渊明从心理或心情上必然认为这个"画面"很"美"。我运用想象感受陶渊明当时的心理或心情,故感受到"画面感强",并且"美"。

生2:画面感强是强,但不一定美。因为美没有一定的标准。我认为画面是"深巷中有狗在'汪汪',鸡又飞到树颠'打鸣'"的农村安静的景象,不一定美。至少我认为不一定美!

---

① 中华人民共和国教育部:《普通高中教科书语文必修上册》,人民教育出版社,2019年,第59页。

师:两种不同的观点,先存疑。我想让大家用一个表达"静"的词来概括你阅读后对这个画面产生的体验。

生1:静。

生2:安静。

生3:宁静。

…………

师:同学们！我认为"寂静"更好。(板书"静""安静""宁静""寂静")

生:为什么?

师:因为"寂静":宗教意,指摆脱一切烦恼、忧患的纯净心境。"寂静"→才能内心安宁→才能不被"俗韵"俗住,不被"尘网"网住,不被"樊笼"笼住→才能达到人生的境界,才有诗意的人生。

师:由此,这一段诗歌所描写的画面感不仅强,而且"美"！

师:其实是因为有了高超的艺术手法才能使诗歌呈现一种强烈的画面感、一种画面美,也使古代诗歌才有了文学的穿透力！那么,陶渊明在本诗歌中运用了什么手法呢?

三、文化传承式品读:领略文学的穿透力

师:同学们！请大家继续品读,并依据自我的感受找出本诗歌中文本的具体诗句来说明田园诗派的题材范围和白描的语言特点。

体现田园诗派"题材范围"的诗句有哪些?

生1:"开荒南野际,守拙归园田。方宅十余亩,草屋八九间。榆柳荫后檐,桃李罗堂前。暧暧远人村,依依墟里烟。狗吠深巷中,鸡鸣桑树颠。户庭无尘杂,虚室有余闲。"①

师:体现田园诗派"语言特点"的诗句有哪些?

生2:"方宅十余亩,草屋八九间。榆柳荫后檐,桃李罗堂前。暧暧远人村,依依墟里烟。狗吠深巷中,鸡鸣桑树颠。"②

师:体现田园诗派"题材范围"的诗句比体现田园诗派白描"语言特点"的诗句多了两句:"开荒南野际,守拙归园田"和"户庭无尘杂,虚室有余闲"。为什么?

---

① 中华人民共和国教育部:《普通高中教科书语文必修上册》,人民教育出版社,2019年,第59页。
② 中华人民共和国教育部:《普通高中教科书语文必修上册》,人民教育出版社,2019年,第59页。

生：(茫然……!)

师：我认为"开荒南野际,守拙归园田"是记叙而不是描写;"户庭无尘杂,虚室有余闲"更倾向于议论,描写成分较少,不应该归于"白描"。那么,什么是"白描"呢?(出示PPT)

"白描",在文学创作上是一种描写方法,是指用最简练的笔墨,不加烘托,描绘出意境深远的景象或鲜明生动的形象。如鲁迅《故乡》开头:"时候既然是深冬,渐近故乡时,天气又阴晦了,冷风吹进船舱中,呜呜的响,从篷隙向外一望,苍黄的天底下,远近横着几个萧索的荒村,没有一些活气。"(几笔勾勒,不仅写出了故乡的深冬阴晦,而且字里行间,表露了蕴含在作者内心深处深沉的悲凉)这就是极为经典的"白描"手法。

同学们! 为了加深大家对"田园诗派"文学特征的印象,请以"狗吠深巷中,鸡鸣桑树颠"为例,抓住诗歌"善用白描",写一则文学短评(200字左右)。

生：(开始写)(5分钟)

师：同学们! 老师也写了,要不与大家一起 PK 一下？请展示你的习作!

生：(展示习作)

…………

师：(展示PPT)方宅、草屋;榆柳、桃李;更有隐约可见的村庄和袅袅升起的轻烟,呈现出一种出奇的静:安静、宁静,更是内心的寂静。突然,狗在幽深的小巷子里叫着,鸡在桑树的最高处打鸣——诗人不着痕迹地"白描",寥寥数语就勾勒出一幅情趣盎然、生机勃勃的乡村日常生活图。这里看不出陶渊明劳作的艰辛,也看不出他生存的压力,更看不出官场的是非;看到的是陶渊明躬耕田园的喜悦,看到的是他融于自然的自由,尤其看到的是他辞官归隐的洒脱。

生：老师写得好!

师：谢谢大家! 其实,老师想通过你我师生同写"文学短评"来告诉大家这就是"诗意人生",这更是"文学的味道"。

同学们! 要想有"诗意人生",要想品尝到"文学的味道",必须阅读! 请同学们继续品读,并用诗歌中的一个词来回答:为什么陶渊明的人生志向从"猛志逸四海"转向"性本爱丘山"?

生："守拙"。(板书"守拙")

师：对,就是"守拙"。正是内心"守拙",让陶渊明在中国文学史上呈现出"淡泊名利、清高孤傲、内心高洁、精神自由、人格独立、气节高标等"与曹操等人不一样的文人风骨!

同学们! 为了强化大家对文人风骨的个人体验,请以2020年感动中国十大人物之一

黄文秀的颁奖词为例,给陶渊明写一个"颁奖词"(150字以内)(5分钟)(出示PPT):

黄文秀:兰谷遗芳远。有些人从山里走了,就不再回来,你从城里回来,却再没有离开。来的时候惴惴,怕自己不够勇敢,走的时候匆匆,留下最美的韶华。百色的大山,你是最美的朝霞,脱贫的战场,你是醒目的黄花。①

师:谁愿意展示作品?

生:(展示习作)。

师:老师也为陶渊明写了一份"颁奖词",想与大家分享:

(出示PPT)朗读颁奖词:陶渊明——人生没有苟且,只有田园和诗意(男、女)。有些人走进官场里,就不再出来(男),你从官场里走出来,却再也没有回去(女)。来的时候,"猛志逸四海"(男);走的时候,"守拙归园田"(女),文学史上久久回荡着"我岂能为五斗米折腰向乡里小儿"的绝响(男、女)。田园的时空(男),你是最高光的那颗星(男、女);诗意的长廊(女),你有着最精致的形象(男、女)。

师:同学们!不得不告诉你们,文人风骨不仅仅局限于"淡泊名利、清高孤傲、内心高洁、精神自由、人格独立、气节高标",也不是只有曹操和陶渊明才具有文人风骨。本单元中李白、李清照、辛弃疾、杜甫、白居易等都具有各自的不同内涵的文人风骨,他们都是我们青年学子应该学习的榜样,都是你我人生追求向阳的典范。即使是新时代,也有很多具有文人风骨的人。请举一例。

生:阿远老师!

师:谢谢同学们对我的点赞!请同学们全体起立!与我一起,把自己"当成"陶渊明,齐声、大声朗读《归园田居》!

师生:(读!)

师:谢谢大家!下课!

教学反思

本节课是我应区、市教科所的要求和邀请,以陶渊明《归园田居(其一)》为例,对省级课题"高中语文的教学评一致性研究"(课题批准号:2021YB0913)的研究成果在全市进行展示、推广、应用和引领的"规定动作"。

---

① 孟晓东:《国人的心灵约定,年度的精神史诗——"感动中国年度人物"专题》,《求学》,2020年第29期,第43-47页。

"三新"视域下自读课文的教学策略——以《归园田居(其一)》为例

接到任务,备课有两个层面的困惑:其一,理论层面。朱光潜先生在《谈美书简》中一语中的:"读陶渊明的诗,我们常觉到农人的生活真是理想的生活,可是农人自己在烈日寒风之中耕作时所尝到的况味,绝不似陶渊明所描写的那样闲逸。"① 其二,实践层面。教学面对的多为没有农村经历的城市学生。

几经辗转、反侧,唯结合课题研究而有了三个思考,在新课程标准、新语文教材、新评价体系共同构成的"三新"视域下,怎么教,才能"塑形体"? 学什么,才能"内增高"? 如何评,才能"站C位"? 课堂教学便应时、应景、应地而生。

为"形成"一种教学策略或"构建"一条教学路径,我分别从教学评三个方面进行教学的深度反思。

一、教—依"标":课程标准(仅选取"立德树人"和"学习任务群"两方面阐释)

(一) 立德树人

《课程标准》明确指出:"基础教育课程是国家意志在教育领域的直接体现,在立德树人中发挥着关键作用"。"坚持立德树人,增强文化自信,充分发挥语文课程的育人功能"②。

那么,在中小学通常40分钟或45分钟的语文课堂中,该如何落实立德树人这个根本任务呢? 笔者慧眼发现了本单元诗歌作者所呈现的"文人风骨"这一点,接着,从三个维度展开:

1. 共生

我辩证地指出,文人风骨不仅局限于"淡泊名利、清高孤傲、内心高洁、精神自由、人格独立、气节高标",而且也不是只有曹操和陶渊明才具有文人风骨——教学在"立德树人"的过程中,我有意无意、潜移默化地"塑造"不同学生的不同"形体"。

2. 砥砺

笔者创造性地搭建三个审美平台:第一,师生同写陶渊明的"颁奖词",并展示、分享;

---

① 朱光潜:《谈美书简》,东方出版中心,2016年,第12页。
② 中华人民共和国教育部:《普通高中语文课程标准(2017年版2020年修订)》,人民教育出版社,2020年,第2页。

第二,让男、女生朗读我给陶渊明写的"颁奖词";第三,当我提出,即使是新时代,也有很多具有文人风骨的人,请举一例,学生居然回答:阿远老师(学生平时对我的亲切称呼)!这是教学场景中的神来之笔。显然,只有多次砥砺学生的言与行,才能立德和树人。

3. 内化

从"守拙"的外延义,到我对该词外延义的再延伸,并要求学生对这两点进行记忆。即使在收课时,依然让学生"把自己'当成'陶渊明,齐声、大声朗读《归园田居》!"。无疑,我有着强烈的意识去加强学生对文人风骨的个人体验,且希望通过内化文人风骨使"德""人"等精髓入学生脑、入学生心。

(二)学习任务群

《课程标准》中有18个"学习任务群",并没有否定"单篇"教学;但"单篇"教学必须体现"学习任务群"中蕴含的"课标精神"。

我在教学中有力地落实"学习任务群5 文学阅读与写作"的"学习目标与内容"和"教学提示"等要求:

创设了一定程度的阅读情境(齐读、男生读、女生读、师生共读;大声读、默读等)……引导学生阅读(细读、精读和品读)、鉴赏(白描法和画面感)、探究("依依"语境意)与写作(写文学评论,尤其是仿写陶渊明的"颁奖词")。

引领学生感受陶渊明的艺术形象(师生一齐把自己想象为陶渊明进行大声阅读),理解和欣赏作品的语言表达(对白描法的理解;借白描法写"文学短评"),把握作品的内涵("守拙"外延义,我对此的再延伸,尤其凸显文人风骨),理解作者的创作意图。

获得审美体验(诗意美,陶渊明诗意人生美),认识作品的美学价值(田园诗派语言特征、文人风骨),发现作者独特的艺术创造(田园诗派文学特征),培养学生健康高尚的审美情趣(多人、多种文人风骨)。

二、学一扣"本"

教材虽然只是一个"例子",但只有学好例子才能举一反三、触类旁通。学生在我的指导下,分别从显性和隐性两个层面进行学习。

（一）显性层面

首先，紧扣本课的"学习提示"；其次，紧扣"单元学习任务"。二者在教与学的过程中很好体现，不再赘述。

（二）隐性层面

1. 学科认知

《普通高中语文课程标准（2017年版2020年修订）》指出，语文实践活动情境主要包括个人体验、社会生活和学科认知三种情境。其中，学科认知情境指向学生探究语文学科本体相关的问题，并在此过程中发展语文学科认知能力。我在本节课体现的"学科认知"包括三点。

（1）知人论世

我以PPT的形式呈现陶渊明的诗意人生——努力把握陶渊明在创作时的"原意"。

（2）因声求气

我通过要求学生阅读和感受节拍、押韵等特点，去让学生领会诗歌特有的韵律感和音乐美。

（3）置身诗境

我要求学生联想和想象，将作者所描绘的画面——再现于脑海，使整个心灵沉浸在一个想象的世界之中，得到美的享受。

2. 核心素养

我在实际教学中，要求学生进行三种层次的阅读：细读、精读和品读，即为了增加学生对诗歌语言的敏感性而进行语言建构式细读；为了让学生体验陶渊明人生的诗意美而进行审美鉴赏式精读；为了使考生领略中国古代文学的穿透力而进行文化传承式品读。

从语言到审美，再到文化，目的是想引领学生走进"教－学－评一致性的语文课堂"而进入"深度学习"的境界。

三、评－重"考"：评价体系

首先，分享一个观点：高考只是"考"的一个形式，不仅是一种评价，更是为我们伟大的祖国遴选人才。而"你我为我们伟大的祖国遴选人才"绝不是一句口号！老师不仅让自己站"C位"，即"为我们伟大的祖国遴选人才"的位置，而且应该让学生，即"祖国的人才"站"C位"。

其次，再分享一个观点：学生"会学"比"学会"更为重要！——授学生以"渔"！我对此进一步阐释："授人以鱼不如授人以渔"的育人理念与途径应该是先告知或让学生品尝"鱼"的滋味，再教之以"渔"（刘志远语）。

基于此，我至少给学生7种不同类的"鱼"。如，"陶渊明的诗意人生"；陶氏"猛志逸四海"和"性本爱丘山"两种彼此矛盾的人生志趣；田园诗派文学特征；文人风骨内涵；"守拙"一词延伸义的再延伸；白描手法，以及经典的"白描"手法示例（鲁迅先生《故乡》）；黄文秀的颁奖词……

唯如此，学生才能在具象化的感知中，获得阅读快感和共情体验，才能在与自己经验世界的关联中实现心灵的浸润与对意义的感悟；此时，学生对诗歌文本的潜伏性召唤结构的阅读期待已经进入一种自我体认与领悟的"得鱼忘筌"的境界；此刻，追逐诗歌文本所蕴含的意义，便超越了音义架构的语言物质的单纯层面而内化为学生理性意识和核心素养重构自身的情感。①

虽然，这些无法具体测量，但可以通过学生在课堂上争先恐后地回答、探究问题，以及因此带来的喜悦之情进行感知和评价。

当然，对于学生在课堂上所表现出来的深层次感悟、境界、情感，还需要不断地给予强化，才能持久——内化于心，不一定会外践于行——显然，一节课无法评价学生的"心灵救赎"或"灵魂归属"，但这正是我多年来努力追求的方向！"虽不能至，然心向往之"。

综合思之，教学评三位一体的融洽逻辑，需教师的教、学生的学与效果的评，自始至终保持在目标驱动的轨道上。当然，这只是一种理想状态……因为，"教学是一种守望，是一个生命对另一个生命的美好期待"。（刘志远语）

但是，"深刻地认识教-学-评一致性的内涵是保证其价值永不看衰的关键"。

所以，我认为，要实现教得有效、学得增值、评得多元，必须使教学评"三位一体"，指向语文学科的核心素养、国家格局的立德树人，并使之落地、生根！

---

① 赵秀凤、崔亚霄：《多模态体认诗学——基于体认语言学的研究》，《外国语文》，2023年第5期，第82-92页。

参考文献

[1]中华人民共和国教育部.部编版高中语文必修上册[M].北京:人民教育出版社,2019.

[2]中华人民共和国教育部.普通高中语文课程标准(2017年版2020年修订)[M].2版(修订本).北京:人民教育出版社,2020.

[3]朱光潜.谈美书简[M].上海:东方出版中心,2016.

[4]张丁丁、马昕瑶.语文测评新动向:素养本位、教考一致与情境创设——以2021年1月南京市高一上期末学情调研测试卷为例[J].中学语文,2021.

[5]马叶娜.高中文言文深度教学的探索与实践[J].语文教学与研究,2021.

[6]陈罡.从研究性学习视角谈语文学习任务群设计[J].语文建设,2018.

[7]王文.守正固本培源致远——从2021"八省联考"试题看语文教学变革[J].中学语文,2021.

[8]刘志远."定群"教"深度"学"探究"练——探寻新课标、新教材、新高考视域下实用性信息类阅读备考新策略[J].中学语文(上旬·教学大参考),2022.

[9]孟晓东.国人的心灵约定,年度的精神史诗——"感动中国年度人物"专题[J].求学,2022.

【作者简介】

刘志远,郑州市第二外国语学校,上街区"B类"人才和"名师"。

《童年》整本书阅读交流课

武艳艳

一、《童年》整本书阅读交流课教学设计

(一) 教学目标

1. 深度了解《童年》的故事内容,感悟作品的人物形象及主题。
2. 引领学生讨论阅读收获,分享阅读体验,进而走向深层次的阅读。
3. 积累阅读自传体小说的方法,学画人物关系图、故事情节流程图。

(二) 教学重难点

深度交流阅读收获及体验,积累阅读方法,鼓励课外阅读。

(三) 教学过程

1. 课前导入

同学们好,这节课我们共同进行《童年》的整本书阅读交流。请介绍苏联作家高尔基。这学期我们用近两个月的时间共读了一本好书,也是六年级上册语文教材推荐的必读经典书籍《童年》。我们先一起回顾这段难忘的共读时光,相信每位同学都会从中体会到"笑与泪,经历与成长"。(板书)

（1）梳理故事

概括这本书的主要内容，根据你的阅读感受用两个词语概括阿列克谢的童年。

（2）品评人物

这部小说的主要人物有谁？小说中的每个人都有鲜明的性格特征，他们分别是什么样的人？请用这样的格式说一说：文中有关人物描写的句子＋（这句话的）描写方法＋性格特征。

（3）分享情节

请找出你印象最深的两处故事情节，说出印象深刻的原因。

阿列克谢经历了哪些苦难？阿列克谢在荆棘载途、令人窒息的恶劣环境里，没有被击垮，反而成长成一个坚强、勇敢、善良的人，哪些人、哪些事对他的成长起了积极的引导作用？

（4）积累方法

你积累了哪些阅读长篇自传体小说的阅读方法？

（5）学会提问

对于这部自传体小说，请深度思考你还可以提出哪些有价值的问题。如：

外公家里原本富裕，后来为什么走向衰败？

这部小说和我们有什么关系？

看书与看电影有什么区别？你对电影的改编满意吗？

（6）关注三本书的开头和结尾，推荐阅读《在人间》《我的大学》

《童年》（记录高尔基3—10岁的生活）

开头："在昏暗狭小的房间内，我父亲躺在窗前的地板上，全身素白，显得身子特别长——母亲半光着上身，穿一条红裙子，跪在地上，她那双浅灰色的眼睛已经浮肿，眼泪大滴大滴地直往下落。"

结尾："安葬完母亲，几天之后，外公对我说：'是这样，阿列克谢，你也不是一枚勋章，老挂在我脖子上也不是个事儿，到人间闯荡去吧……'于是我就走进了人间。"

出示《在人间》《我的大学》的开头、结尾。

总结：同学们，在和《童年》这本书相伴的日子里，我们不光看到了一部艰难的生活史，更看到了一幅俄国小市民阶层风俗人情的图画，更收获了一笔宝贵的人生财富，我推荐大家阅读高尔基自传体三部曲中另外两部《在人间》《我的大学》，相信大家一定能从书中获得勇气和智慧、成长与启迪。

(四) 布置作业

1. 学习《童年》的写法,尝试以生活中的自己、同学、老师、父母等人物为原型创作自传体小说。

2. 推荐阅读自传体三部曲的另外两本《在人间》《我的大学》。

(五) 板书

《童年》阅读交流课(勾勒出简笔画书的形状)

梳理故事　积累方法

品评人物　学会提问

分享情节

二、《童年》整本书阅读交流课堂实录

(一) 课前导入

师:今天我们来上一节《童年》的整本书阅读交流课(板书课题)。

师:谁能给大家介绍高尔基?

生1:我是4号学员,高尔基出生于苏联,他是伟大的无产阶级革命家,也是一个先驱者。他的童年非常悲惨,外公经常打骂他,不过在这样的童年里,他有一个非常值得尊重的人,这个人就是他外婆。

师:讲得很详细,大家不由自主地给他鼓掌,谁能再补充?

生2:高尔基,1868年—1936年,苏联文学的创始人,原名阿列克谢,作品《童年》《在人间》《我的大学》是他的自传体三部曲。

师:你说出了高尔基的成就和代表作。(大屏出示简介)

师:这学期我们用近两个月的时间共读了一本好书,也是六年级上册语文教材推荐的必读经典书籍,这就是——

生齐答:《童年》。

师:这就是与我们朝夕相伴了两个月的《童年》,相信每位同学都会从中体会到"笑与泪,经历与成长",我们先回顾这两个月的共读时光。

（二）梳理故事

师:请概括这本书的主要内容,根据你的阅读感受用两个词语概括阿列克谢的童年。（板书:梳理故事）

生1:我是4号学员,小说讲了阿列克谢痛苦的童年,因为干了一件错事被外公打得生了一场大病、卧床休息。

师:你讲的是阿列克谢被外公暴打的经历,我说的是这本书的简介,再想想。我们都有自己的研读单,每位同学都做了两张研读单,自己翻一翻。

师:想好了吗?

生2:主要讲了阿列克谢从小生活在外公家,外公是一个性情粗暴的人,经常打他,他在这样的家庭中度过了痛苦的童年。

师:好的,对于这本小说的主要内容谁还有补充?这么多同学举起小手了。

生3:主要讲了阿列克谢3岁—10岁童年时的经历。

师:这么一补充就完整了,同学们自己完整地说一遍《童年》的主要内容,请大家回答第二个问题,用两个词概括他的童年。

生1:悲惨和痛苦。

师:我们都想听一听"悲惨和痛苦"背后的理由。

生1:因为他父亲死后他到了外公家,外公痛打过他。

师:总是被暴打这个经历可以说是痛苦的,悲惨和痛苦是一对近义词,这两个词合适吗?

生齐答:合适

师:还有其他词语吗?

生2:我是1号学员,我认为阿列克谢的童年还是压抑和不幸的。不幸的是他有记忆时父亲已经死亡,他的妈妈也被继父毒打又病死;压抑是因为他家每天都会出现不幸的事情,纳塔莉亚舅妈死了,母亲生的小弟弟也夭折了。

师:综合你说的内容,我们体会到了压抑,这位同学是把自己代入角色中,真好。如果你是小阿列克谢的话,除了悲惨、压抑、痛苦,还会有什么样的感受?

生:我是1号学员,我觉得是悲惨和温暖。悲惨是因为从小失去了父亲,温暖是因为外婆一直在身边,给他带来一束亮光。

（全班响起掌声）

师总结：感谢同学们，你们分享了自己独特的感悟。

（三）品评人物

师：这部小说主要人物有谁？小说中的每个人都有鲜明的性格特征，他们分别是什么样的人？请用这样的格式说一说：文中有关人物描写的句子＋（这句话的）描写方法＋性格特征。（板书：品评人物）

生1：我是2号学员，《童年》这本书的人物有：父亲马克西姆、母亲瓦尔瓦拉、外公卡希林、外婆阿库利娅、大舅舅米哈伊尔、二舅舅雅科夫、两个表哥都叫萨沙、染坊工人格里戈里和小茨冈、保姆叶夫根尼娅、房客"好事儿"。

师：我注意到这位同学在说主要人物时手里拿了张单子，请到台前来。你画的是什么？

生1：我画的是《童年》这本书的人物关系图。

师：很好，画人物关系图是我们阅读小说的好方法，我们看看主人公是不是这些。（大屏出示）

师：刚才有位同学画了人物关系图，这是沈奕彤同学画的，中间的主人公是阿列克谢，旁边延伸出他的知心人，有乐观淳朴的小茨冈，有善良坚强的母亲，有慈祥善良的外婆，有吝啬贪婪的外公，还有可怜的"好事儿"，一张图就把全书的人物贯穿在一起，让我们了然于胸。

师：了解了小说中的主要人物，那么他们分别有哪些鲜明的性格特征呢？请用这样的格式说话，翻翻书找一找，注意说话要有理有据，请第二位男生先分享。

生1："外祖母拉着我的手，她人长得圆圆的，大头、大眼睛，松软的鼻子很可爱，她穿一身黑衣裳，整个人都是软绵绵的，好玩儿极了。她也在哭，但哭得有些特别，像唱歌似的浑身发抖，而且老是把我往父亲跟前推。"这句话是外貌描写，塑造了一个慈祥和蔼的外婆形象。

师：好，有没有说其他人物的，除了外婆以外？请第三位男同学。

生2："他突然不说话了，随后像做错什么事似的低着头走了，大家面面相觑，颇有些尴尬。外婆坐在黑影里，然后深深地叹了口气。"这句话是动作描写，写出了"好事儿"的自卑和奇怪的形象。

师："好事儿"为什么自卑呢？

生2：因为他的行为和别人都不一样。

师:通过这段描写表现出"好事儿"的特点,你抓住了典型细节,说的是"好事儿"。请第二位女生,你说。

生3:"米哈伊尔舅舅对准她的胳膊就是一棍子,眼瞅见一根很粗的东西在窗口一闪,着实打在她的胳膊上,接着外婆一屁股跌坐在地上,仰面倒了下去,嘴里还喊着'快跑'。"这里有两个人物:米哈伊尔舅舅和外婆,用的是动作描写和语言描写,我读出米哈伊尔舅舅的残暴和外婆的善良。

师:两个儿子竟然残暴到这种程度,米哈伊尔舅舅拿着一根很粗的棍子对准他母亲的胳膊就是一棍子,外婆的胳膊被打骨折了,这体现了两个儿子的残暴、冷酷无情。有没有说外公的?

生齐答:有。

生4:"外祖父扑过来一把将外祖母推倒在地,把我抓起来就要扔在长凳上"通过动作和语言描写,我感到他的外祖父是一个冷漠无情、残暴的人。

师:你念的这段话外公在打谁?

生4:外祖母。

师:文中这样的镜头不少吧,有一次把外婆饿了五天五夜不让吃饭。刚才大家评价的人物有阿列克谢、外公、外婆等,可见不同的描写方法、精彩的细节描写能体现人物鲜明的性格。

(四)分享情节

师:刚才我们了解了人物,下面我们分享这本书中经典的情节。先请大家找出《童年》一书中你印象最深的两处故事情节,说一说原因。(板书:分享情节)

生1:我印象最深的情节是小茨冈被砸死,还有开篇的阿列克谢父亲死亡。

师:能给大家像讲故事一样讲讲这两个情节吗?

生1:小说的开头就写阿列克谢父亲的死法以及父亲的死因,因为照顾我而死的。

师:父亲是照顾身染霍乱的三岁的儿子不幸身亡的,他母亲在父亲的遗体旁边生下了小弟弟,但小弟弟也夭折了,你说说小茨冈是怎么死的?

生1:是因为他们一起抬十字架,不幸被砸中的。

师:父亲以自己的死换来了儿子的生,我们被这种深深的父爱感动。还有小茨冈,大家见过十字架吗?他的两个可恶的舅舅分别站在十字架的左右两侧,而最重的十字架的底部却让小茨冈扛。小茨冈脚底一滑跌倒了,两个舅舅顺势丢开十字架,十字架就重重砸在小茨冈的身上,可怜的小茨冈口吐鲜血当场被砸死。相信这也是同学们印象最深的情节。有没有其他的分享?请第三排男生。

生2:在这本书比较靠后的地方写道,外婆和外公分开居住,外公总是斤斤计较,连喝茶准备的都是碎茶叶。

师:大家看到这个情节了吗?外婆外公分开过,天天过日子要买菜,轮到外婆那天买的都是好菜,轮到外公买的总是很差,两个人已经走到这样的程度,可见外公的特点。在这里你想说什么?

生2:可以看出外公十分吝啬,外婆很大方。

师:可以看出外婆的宽以待人,再请一位同学。

生3:我是1号学员,我印象最深的事件是染坊大火和彼得伯伯的死。在染坊大火中,外婆和之前的形象不同,表现出非常冷静、果断的形象,让我看到与以前大不相同的外婆。还有一点儿是彼得伯伯的死,作者把那个情节写得十分阴暗,让我感觉很害怕,所以我选择这两处。

师:你说得真流畅,而且描述得很准确,大家把掌声送给他。你们猜猜我印象最深的是哪个情节?你们猜的是阿列克谢把刀子刺向继父腰间的情节,是不是?这是其中一个,还有一个,这是这部小说中少有的一抹亮色。

(个别学生说:跳舞那一段)

师:我们看是不是?(播放黑白经典电影《童年》的片段),真是知我者莫如我的学生。

师:咱们六二班同学还准备了课本剧,你们想不想看?

(学生齐答:想!)

师:掌声欢迎他们——(课本剧表演开始)

师:他们精彩的表演体现出对书中故事情节的理解。阿列克谢经历了哪些苦难?阿列克谢在荆棘载途、令人窒息的恶劣环境里,没有被击垮,反而成长成一个坚强、勇敢、善良的人,哪些人哪些事对他的成长起了积极的引导作用?同桌两个人商量一下,谁帮助他走上了正义、勇敢、自信的道路?

生1:阿列克谢经历了很多痛苦,一开头是父亲死亡,第二个是舅舅打外婆把她手臂打骨折,第三个是外公当着阿列克谢的面打外婆。

师:但苦难也会造就人,那对他影响最大的是哪些人?

生1:首先是外婆,还有"好事儿",因为"好事儿"告诉阿列克谢很多知识,还教他被外公打时怎么躲可以打得轻一点。

师：这就是真正的朋友。除了外婆和"好事儿"，还有谁是他重要的人呢？

生2：我是1号学员，我认为是母亲以及从前和他们一起玩儿的三个孩子。首先母亲给了他足够的爱并且教育阿列克谢要读书，而三个孩子则给予他友情，让他知道了友情的滋味。

师：母亲、三个孩子、"好事儿"、外婆，还有其他人吗？你们说还有谁？

生齐答：小茨冈、格里戈里。

师：对，别忘了还有个大主教，大主教对阿列克谢说你从此要安安静静学习，就像水草一样，你的未来一定会很光明，这个大主教也对他产生了积极的影响。

（五）积累方法

师：你积累了哪些阅读长篇自传体小说的阅读方法？（板书：积累方法）

生1：我积累的阅读方法有跳读、快速浏览。

生2：我是4号学员，我在百度中查资料，采用默读、精读的方法。

生3：我积累的阅读方法是带着问题读、有目的地读，读完之后还可以读读这个作者的其他作品，更加全面、深刻地了解他。

生4：我们拿到新书，可以读封面、序言、简介、目录，可以关注人物、动作、语言、环境描写，还可以做批注，读完后可以写读后感。

师：你们说了好多方法，还可以写刚才你们出示的人物关系图、故事情节流程图，都可以吧。

（六）学会提问

对于这部自传体小说，你还可以提出哪些有价值的问题？请深度思考，学着提问。（板书：学会提问）

生1：这本书中有外婆光辉的形象，无论是她对阿列克谢的教导，还是在大火之中表现出的冷静，都可以说明她是一个很好的母亲，但是为什么她教出来的孩子却一个不如一个呢？

师：好，这个问题谁能接住，如此宽厚的母亲，教出来的孩子怎么一个不如一个？谁来解答？估计外公和外婆也很困惑。

生2：我觉得他们是跟着外公就是他们的父亲学的。

师：俗话说"上梁不正下梁歪"，外公是一个如此贪婪、自私、残暴的人，他的儿子都没有遗传到外婆的优点,都效仿他的父亲。

生3:我是1号学员,因为外婆曾经说过,她的孩子中好的都被上帝夺去了,生了十八个孩子,就只剩米哈伊尔和雅科夫。

师:听到没有,在这本厚厚的书中有个潜在的信息他读到了,这个外婆曾经生了十八个孩子,但上帝把好的都带走了,剩下的两个是最差的。他的答案你们满意吗?

(生齐答:满意)

师:谁还可以再提问?

生4:我的问题是什么使外公这个家越来越衰败?

师:这个问题提得好,这家是做小染坊生意的,从富足到家道中落,到外公在街上乞讨,外公说"可怜可怜我吧,给个馅饼吃吧",当没人施舍时,他发出长长的叹息"你们这些人呀",是什么导致这个家庭衰败,谁能从文中找到蛛丝马迹?

生5:我觉得有三个原因:第一个原因是染坊大火,把家里的布料都烧光了;第二个原因是外公的品性有问题,他曾经抛弃了和他一起白手起家的好伙伴格里戈里;第三个原因是他给两个儿子分家,把财产分了,所以家里才变穷了。

师:说话真够严谨了,把掌声送给他。染房大火把家当烧光,两个儿子也败了家,外公把家里的钱财都借给高利贷,高利贷还不上,这个家一下就败了,想挣更多的钱,结果得不偿失。谁再提个问题?

生6:外公是一直都很自私,还是因为家境衰败的原因?

师:这个问题如果外公此时在这里最好,我们直接把话筒递给他,现在我们只能猜测,因为这是19世纪七八十年代的事情。谁来解答?

生7:我是2号学员,外公本来就是自私的人,有一个故事情节阿列克谢的父亲想娶他的母亲时,外公不同意,就是因为嫌弃他家境不好没有财产。

师:甚至女儿出嫁时嫁妆也没有给,这份嫁妆就埋下了后遗症,成为后面两个舅舅经常打架打得头破血流的原因。好的,因为时间关系不能让大家一一提问了,这是我提的问题(大屏出示),我请大家回答我第一个问题,这部小说有什么特别之处?小说和我们有什么关系?为什么成为六年级上册必读的经典名著呢?

生1:我认为这是以一个孩子的视角来介绍童年,我们都在童年里,我们和他的童年却是两个极端,我们可以上学,每天都是吃吃喝喝、玩玩乐乐,很快乐,而他没那么开心自由,而且还要捡垃圾维持生活。

师:这位同学说我们每天的生活都是吃吃喝喝、玩玩乐乐,我怎么唯独没听见你说上学呢?(学生全笑了)这就是小说的目的之一,让我们彼此做个对比,还有什么目的吗?

生2:老师,这部小说有一个特别之处,一些作家写小说都会把快乐写上去,而这部小说最多的是痛苦。

师:你曾经读过哪些小说是写快乐的?

生2:像这次您让我们买的《童话庄子逍遥游》,充满想象、幻想。

生3:我觉得这部小说就是用阿列克谢的童年和我们的童年做对比,让我们珍惜今天的幸福生活,让我们不再奢侈,像他一样去努力实现自己的理想。

师:嗯,也就是说磨难可以毁灭一个人,也可以成就一个人。所有伟大的人是不是一定出生在富裕之家呢?高尔基生活在这样的家庭里照样可以成为了不起的人,我们生活中有这样的人吗?出身贫寒的了不起的伟人。

生:毛泽东、许世友、孔子……

生4:孔子的父亲是当时一个非常有名的官员。

师:孔子出身并不贫穷,他本可以过安逸的生活,但他为了实现理想抱负选择了周游列国,传播自己的思想。今天在座有几位六一六二班的同学家长,我想采访一下家长,你平常怎么和孩子共读?

家长:今天听了孩子的发言,我心里很受触动,你们很幸福。我小时候想读书就到外面捡来一些报纸、小人书读,我现在在家特别注重和孩子一起读,我家也买了一些好书,读完以后我们一起探讨问题。今天听到孩子探讨这些问题,我感到非常欣慰。

师:真是位好妈妈,自己爱读书,还和孩子一起读。

(七) 关注三本书的开头和结尾,推荐阅读《在人间》《我的大学》

最后,我们来关注小说的开头和结尾,首先出示的是《童年》这本书的开头和结尾,大家齐读。(大屏显示)

师:小说的最后一句话是"于是我就走进了人间",《童年》写的是他3—10岁的生活。我们看《在人间》,默读开头和结尾,这是高尔基的10—16岁。朗读《我的大学》的开头和结尾,这是他的16—20岁。

三、《童年》整本书阅读交流课教学反思

让整本书共读课结出丰硕的果实。

这学期我任教六年级两个班的阅读课,共读的第一本书是苏联作家高尔基的自传体小说《童年》。我带着学生用两个月的时间精读、品味、欣赏,上导读课、推进课,撰写共读交流单,学画人物关系图和故事情节流程图,排练课本剧,朗诵高尔基的散文诗《海燕》,观看经典黑白电影《童年》。12月8日,我和六一六二班的孩子们及部分家长代表在学校的报告厅为全校的中小学语文老师做了一节研讨课——《童年》整本书阅读交流课,这节课是两个月的扎实共读结出的硕果。

(一) 精彩的课堂源于巧妙的设计

在教学设计上我颇下了一番功夫,共设置了六个环节,分别是梳理故事、品评人物、分享情节、积累方法、学会提问、拓展阅读。这六个环节是有坡度有梯度的,从整体看,前三个环节在第一个层面,第四、五环节在第二个层面,第六个环节在第三个层面。学生随着课堂环节的推进,在不经意间就完成了阅读、品评、积累,由浅入深、水到渠成。板书的设计也是有匠心的,整体勾勒出一本书的造型,文字既在简笔画中,也是在提醒学生真正读好一本书所经历的过程。板书看起来赏心悦目,环节推进如行云流水。

(二) 阅读课也是思维课

程红兵校长曾说,判断一节好课的重要标准是看学生的思维流量有多少。课堂第六个环节设置的是让学生学会提问,在小学语文教材中,其中一个策略单元就是学会提问,我把这个策略迁移到这里让学生尝试提问,学生的问题很有价值,"慈祥善良的外婆为什么教出来的孩子却一个不如一个呢?""什么使外公这个家越来越衰败?""外公是一直都很自私,还是家境衰败的原因?"我还特意向学生请教"这部小说有什么特别之处,和我们有什么关系?",从而理解苦难能毁灭一个人,也能成就一个人。尤其值得一提的是,学生在课堂上还表演了五幕课本剧,这都是建立在深度阅读的基础之上。

(三) 播下阅读的种子

叶圣陶先生说"教材无非是个例子",推而广之,这本六年级上册教材推荐的必读名著无非也是个例子,是为了学生离开老师后能实现阅读自动化。理解了这一点后,我设置了第五个环节积累方法,学生真的积累了很多阅读长篇小说的方法:精读、默读、跳读、浏览、带着问题读、有目的地读,可以关注人物、动作、语言、环境描写,可以做批注写读后感,还可以阅读这个作者的其他作品。在共读中,我教学生尝试画人物关系图、情节发展图,这也是在教会学生深度阅读。在课堂将近结尾时,我用三页PPT出示了《童年》《在人间》《我的大学》的开头和结尾,让学生借鉴阅读、尝试创作。这整个过程中,我用心地在学生心灵中深播下阅读、写作的种子,期待不远的未来种子能变成树木,树木能变成森林,这就是阅读的力量。

回顾整节阅读课,我上得较为成功,源于师生真正把书读明白读透彻了,这个过程实质上是在践行《语文课程标准》中提出的"逐步培养学生探究性阅读和创造性阅读的能力,提倡多角度的、有创意的阅读,利用阅读期待、阅读反思和批判等环节,拓展思维空间,提高阅读质量"①。我很享受和孩子们在一起共读的幸福时光,好书的力量真的可以影响一生!

参考文献

[1] 中华人民共和国教育部.义务教育语文课程标准[M].北京:北京师范大学出版社,2022.

[2] 中华人民共和国教育部.义务教育教科书语文七年级上册[M].北京:人民教育出版社,2016.

[3] 中华人民共和国教育部.义务教育教科书语文四年级下册[M].北京:人民教育出版社,2018.

[4] 周旺平,蔡德福.名著考查题型盘点和测试[J].中学语文园地,2005.

[5] 王灵熙.初中"名著导读"教学现状调查与改进策略[D].江西:江西师范大学硕士论文,2015.

【作者简介】

武艳艳,洛阳高新区第二实验学校校长,中小学高级教师。

---

① 中华人民共和国教育部:《义务教育语文课程标准(2022年版)》,北京师范大学出版社,2022年,第31页。

《故都的秋》《荷塘月色》：不同视角下自然之美的颂歌

刘翠丽

一、学习目标

1. 赏析两篇散文中的自然景物描写，分析作家表现自然景物的角度和情景融合的手法。
2. 感受作家的情感和审美趣味。
3. 学会借助景物表达情思，完成校园春景的微写作。

二、教学过程

情景导入：此时韶光盛，风定落花深。昨天，又是"世界读书日"，行墨之内，梦已万里，诗书为伴，墨香常在。我校图书馆举办"请你推荐最喜爱的散文"系列活动，我们班一致决定推荐《故都的秋》和《荷塘月色》两篇散文，请你完成两位作家的资料卡片，并陈述这两篇文章入选的理由。伴随着这一活动，让我们来感受作家的独特情思，倾听这一曲静美颂歌。

（一）学习活动一：探访"我"之美景

任务 1：探访古都美景

请同学们通读两篇散文，从中选出你最喜欢的一幅画面，并说明理由。

预设:

学生分享1:我最喜欢《故都的秋》的庭院秋景图。有破屋,破壁腰,一个"破"字,特别传神,有环境的衰败感、萧索感,表现出"悲凉"的特点。

学生分享2:我最喜欢《荷塘月色》的第四段中的:微风过处,送来缕缕清香,仿佛远处高楼上渺茫的歌声似的。用通感的修辞,以歌声写荷花香味,荷花的阵阵香气和断断续续的歌声很相似。

学生分享3:我最喜欢《荷塘月色》的第五段中的:月光如流水一般,静静地泻在这一片叶子和花上。薄薄的青雾浮起在荷塘里。叶子和花仿佛在牛乳中洗过一样,又像笼着轻纱的梦。"泻"字写出了月光的动态感,"浮"表现出月下荷叶、荷花缥缈轻柔的姿态。

教师点评:

陈日亮说:(郁达夫)融进了太多只属于他个人的独特的审美感受的故都的秋,与其说是故都北平所独有的,不如说是专属于郁达夫,只是郁达夫的秋。

王荣生说:荷塘月色中的荷塘,是朱自清眼中的荷塘,是朱自清心灵中独有的镜像,它是世界上任何人从未见过,也是朱自清所未尝见过的荷塘。

(二)学习活动二:探究景中之"我"

任务2:再读文章,从文人情思角度陈述推选的理由。(可从文人审美情趣、作品的时代特征等方面入手)

小组讨论,合作探究:

问题1:《故都的秋》中,郁达夫不远千里来到北平饱尝秋味,请问:他这种心理得到满足了吗?从哪里得到这种满足的?请结合文本完成表格填写:

学生展示:

景	清	静	悲凉
秋院	蓝朵	驯鸽的飞声	破屋、破壁腰
秋蕊			
秋蝉		所以无论在什么地方,都能听得见它们的啼唱	秋蝉衰弱的蝉鸣、嘶叫
秋雨	息列索落地下起雨来了	一层雨过,云渐渐地卷向了西去,天又晴了,太阳又露出脸来	在灰沉沉的天底下,忽而来一阵凉风
秋果	显出淡绿微黄的颜色的时候		西北风就要起来了,北方便是沙尘灰土的世界

教师点评:(略)

问题2:《荷塘月色》中作者真的忘记了最初的那份"颇不宁静"吗?请结合游踪绘出作者心情变化图。

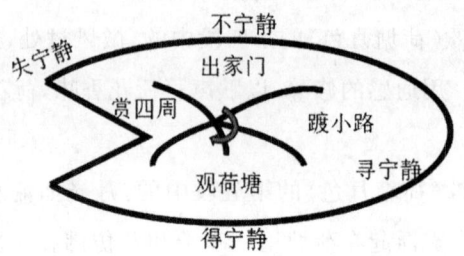

教师点评:

"在寂寞中,在无人告语的境况里,寄情山水,向大自然倾诉内心的独语。"

——冯至《山水》

请同学展示搜集到的作家卡片及背景资料。

补充资料链接:

1.《故都的秋》创作于1934年8月17日。当时,郁达夫到达北平仅仅只有四天的时间。

当时日本侵略者要求将察哈尔省沽源以东、长城以北地区划归热河省,随后,不断地向第二十九军发动进攻,相继制造了两次"察东事件"。

中华千年的文明古都——北平(今北京),处在风雨飘摇之中。郁达夫虽蛰居远离北平的杭州,一样会感受到国事的危急。

因而,当他到达北平,触景伤情,写了《故都的秋》,描绘的是"悲凉"景物,流露的是"悲凉"心绪,表达的是对故都的一往情深。

2. 朱自清这类自由主义知识分子反感于国民党的"反革命",就不能不陷入不知"那里走"的"惶惶然"中——朱自清的"不平静"实源于此……他们试图"躲到学术研究中",既是"避难",又在与"政治"保持距离中维护知识分子的相对独立。在某种意义上,"荷塘月色"(宁静的大自然)的"梦"也正是"朱自清们"的精神避难所。

既神往于个人的自由世界,又为此感到不安与自遣,这内在矛盾构成了朱自清内心"不平静"的另一个侧面;在《荷塘月色》里就外化为"荷塘月色"与"江南采莲图"两幅画图,在"冷"与"热"、"静"与"动"的强烈对比、相互颠覆中,写尽了这一代自由主义知识分子的内心矛盾与冲突。

——钱理群《关于朱自清的"不平静"》[1]

(三) 学习活动三:微写作提升

任务3:"我学名家写校园"。春天的校园繁花灿烂,美不胜收,请你带着对校园春光的深情,运用本课的写景技巧,完成"深爱你,我春天的校园"微写作,字数:200字左右。

组内同学交流展示。

任务4:"我与名家'比高低'"。请选择组内你最喜欢的作品,进行点评。参照评价量表,投票推选出本小组最佳作品,将该作品及点评语一并推荐给我校图书馆。

评价量表:

基本要素	非常符合	较为符合	基本符合
景物描写能触动心灵	4~5分	3分	2分
以情驭景,情景交融	7~10分	4~6分	2~3分
修辞恰当,语言生动	4~5分	3分	2分

三、作业布置

1. 必写作业:运用所学方法,比较阅读余秋雨的《废墟》、余光中的《听听那冷雨》,并完成练习。

2. 进阶作业:"无限风光在课外"被选中作品的八位同学,周末利用网络下载剪映,把自己的文字配上校园照片,自己朗读,做成三分钟小视频,下节课展示。

练习:

问题1:试比较两篇文章中蕴含作者怎样的不同情思。

问题2:请分析两篇文章如何做到情景交融的。

参考文献

[1] 晏冉.《故都的秋》境界创设与诗意抒写[J].中学语文,2024.

[2] 周刚.基于现代作家审美取向的文本解析——以《故都的秋》和《荷塘月色》为例[J].语文教学通讯,2024.

---

[1] 钱理群:《关于朱自清的"不平静"》,《语文学习》,1993年第12期,第10-12页。

[3]张桂模.《故都的秋》的民族审美心理与教学实践[J].语文教学与研究,2024.

[4]黄振强.基于核心素养的中职语文群文阅读教学策略——以《荷塘月色》为例[J].语文世界,2024.

【作者简介】

刘翠丽,郑州市第四十七高级中学语文学科中心主任,中学一级教师。

走向语文的原点与远方:生活、生长、生命

孟红梅

2016年9月13日发布的《中国学生发展核心素养》是我国新课程改革的育人新航标,是"三维目标"的整合和提升,为教育真正走向以学生为中心指明了方向,为教育教学实践回归教育本源提供了指引。通过课程改革、教学实践和教育评价来发展学生的核心素养,使各学科在国家学生发展核心素养的统领下都要确立起本学科的核心素养是《中国学生发展核心素养》的重要要求。根据语文学科的特点,"语言建构与运用""思维发展与提升""审美鉴赏与创造""文化传承与理解"为语文学科的核心素养,随着一系列教学变化,语文学科的核心素养将会逐步得到推进和落实。

从"双基"到"三维目标"再到"核心素养",从"传统""教书"到"素质""育人",广大教师一直行进在如何将育人目标落实在课程建设、课堂实施中的道路上。现在,围绕"培养什么人,怎样培养人"这一根本问题,老师们开始更多地思考"怎么教,教什么"的问题,而且还出现了"怎么教"与"教什么"哪一个更重要的争议。问题的答案暂且不去讨论,我们不妨继续思考一下:能够让这两个问题实现于学生的素养提升与知识汲取上的关键是什么?我以为,用俄国车尔尼雪夫斯基的一句话来说就是"要把学生塑造成什么人,自己就应当是什么人",从"语文学科素养的内涵是学生通过本学科学习之后而逐步形成的关键能力、必备品格与价值观念"的定位来说,语文老师的人文素养、专业能力的确影响着对"立德树人"这一根本任务的理解与引领,对"学习祖国语言文字运用"这一课程性质的解读与实践,对"以学生为中心"的这一学习方式的认同与变革,所以,语文学科素养要落地于学生发展上,首先需要学校有发展教师和课程建设的意识,需要教师有自我成长和课堂实践的行动,这样,师生才能同在语文的晴空下,感受语文之本色,走向语文之远方。

一、生活，教育教学的源头活水

（一）受教育，使自己成为更优秀的人

作为一名热爱、躬身语文教学一线的老师来说，我深切体会到教师的知识层次、专业素养、道德境界、人格魅力直接影响着对教学理念的探究和课堂主张的提炼，也影响着学生语文素养的提升与价值观的形成。从最简单的想做个好老师的初心到思考什么是真正的教育，我经历了从教茫然到成长自觉的蜕变，阅读积淀、实践反思促使我不断改变着心态和行为，越来越想把做一个快乐、智慧、有书卷气的语文老师作为自己的教育追求，于是，学习、反思、实践、提炼成为我在语文教学上的常态生活。当看到被誉为"进步教育之父"杜威"教育即生活"的观点和我国有着"伟大的人民教育家"之美誉的陶行知所说的"先生不应该专教书，他的责任是教人做人；学生不应该专读书，他的责任是学习人生之道"时，我对教育开始有了自己的理解：相对于人生来说，接受学校教育仅是一个发展阶段，每一个人最终要回归"生活"这个大环境中，生活是人的起点，又是人的栖所，教育就是要与生活建立链接，把能够安度生活需要具备的条件、能力渗透于教育教学中，使学生能够成为一个更优秀的人，并能够拥有更理想的生活。

无论教学模式怎样变革，在我看来，语文课堂还应该把学生的"生活"与"生长、生命"紧密相连，因为，"生活"是人产生各种行为、情绪的原点；"生长"反映人在各种行为、情绪中积极向上的姿态；而"生命"的丰满与绵长是人能够长远发展、体验生活意义的条件。唯有立足于为生长、为生活、为生命的语文教学，才能为学生的未来发展与幸福人生奠基。在这种体悟中，慢慢地，我借助语文老师担任班主任的优势，将"快乐生活、养成良习、发展能力"作为自己的育人目标，植入班级管理和语文教学的每一个点滴中。如：和学生一起阅读、共同写随笔、共同策划活动；如：在日常学习中从积极感受出发调动快乐情绪，在言行举止之间抓住时机体验成功；如：通过开展"21天好习惯"系列、开设"晨问暮省"课程、开好主题月班会等活动促进良好品德、习惯的养成；如：通过巧于询问、敢于放手、善于肯定的方法历练学生独立、自主、自治的管理能力和学习能力，努力让学生慢慢形成自信、专注、坚持等良好心理，从而进入"愿意学，学会学，坚持学"的状态中去。

（二）会表达，使自己成为更受尊重的人

表达能力是一切人才不可缺少的能力。《语文课程标准》也明确指出语文这门学科的性质："语文课程是一门学习祖国语言文字运用的综合性、实践性课程"，如何提升学生运用语言文字的能力？新课标在课程总目标中提出了具体要求，如，"学会倾听与表达，初步学会用口头语言文明地进行人际沟通和社会交往。能根据需要，用书面语言具体明确、文从字顺地表达自己的见闻、体验和想法"等。2015年，浙江省教研室张丰主任就尊重语文学科的本质这一问题提出了一个建议：语文要有"真阅读"和"真表达"，这正切合了我之前的做法与思考，之后，我决心把"真阅读，真表达"作为提升学生语文素养的两大途径，通过带领全体语文老师做课题研究来深入探讨发展学生语文能力、语文品质的有效途径。为使研究具体、深入、有效，我们先拟定主课题为"在'真阅读，真表达'活动中提升语文素养的实践探析"，再分解为子课题如下：

夏天存："在大量课外阅读中提升语言表达能力的研究"

张玉兰："初中作文"提高感受力，写出真性情"的实践研究"

夏振亮："在经典诗歌浸润中提升初中生文学素养的实践探析"

王文静："在开展语文活动中提高口语表达能力的途径研究"

王娟："用课前三分钟演讲有效提高口语表达的研究"

所谓"真阅读""真表达"是相对于存在的流于形式、虚于内容、止于肤浅等语文现象而言，我们力求通过一个"真"字精神，在阅读与表达上达到这样一个理想境界：范围上有广度，内容上有精度，体悟上有深度。目前，这些课题都已经通过了永城或商丘教研室的结题。在课题研究过程中，我归纳出五条提高学生口头表达与书面表达能力的方法。

1. 引导课堂交流，规范表达的习惯（文明地说）

针对我校学生多是来自城郊，口语表达欠缺主动、规范、完整的情况，我拟定了"课堂学习行为规范"，其中对"表达"提出这样的具体要求：

质疑："请问为什么……""我有一个问题……""请问××老师……""请问××同学……"回答："我认为……""我体会到……""下面谈谈我的看法……""之所以……是因为……""因为……所以"补充："我说完了，大家同意我的看法吗？有没有补充的？""我觉得你刚才说的很有道理，但是我想补充一点……""听了你的发言，我深受启发，但我有不同意见……"评价："请大家评一评我读得怎么样""我觉得你声音响亮，但……""你读得绘声绘色，特别是……""谢谢你的鼓励（或意见），我会继续努力（或改进）。"汇报："大家

好!我们是××小组,我们来汇报一下……""我们小组汇报完毕,掌声有请下一组。"讲解:讲解时声音洪亮,叙述有条理;到讲台讲解时,侧身站立,面向同学们,要落落大方,"同学们,请坐好,下面由我给大家讲一讲……"

除此之外,在关于语文问题的回答上,也根据题型提供给学生口头或书面的表达方法、步骤、术语等。把文明的用语、规范的交流、完整的回答作为课堂习惯来抓,学生的表达慢慢养之有素,就会对提高课堂学习效率、提升学生综合素养发挥作用。

2. 品味文本词句,欣赏表达的妙用(个性地说)

当学生能够理解到作者遣词造句的匠心独运,理解到文章语言的言外之旨、弦外之音,品味到文本语言的美妙之处时,也就意味着学生能够进入作者的情感世界并深受启迪,接近了语文的根。所以,语文教师应有意识地在课堂上培养学生的语言品味能力。在这一能力训练上,除了多引导学生关注文本本身,结合上下文、文本或文本背景准确地判断词句含义,培养学生重视结合语境品味语言的好习惯之外,我们还着重从两个方法上来提高品味语言的乐趣,一是"比读",采用对关键词语或句子进行添加、删减、调序、置换、对比等方法,让学生在"读"中感受不同,体味文本表达的精妙所在;二是"说出自我",通过设置"你认为应该……""你还有什么更好的……""用你喜欢的方式……"等这样的问法来尊重学生因阅历、积淀、视角而产生的不同认识,让学生敢于表达出自我的见解。

3. 提供活动平台,锻炼表达的勇气(勇敢地说)

《普通高中语文课程标准(2017年版 2020年修订)》(以下简称"新课标")已正式颁布,通读后,给笔者留下深刻印象的词语除"语文核心素养、学习任务群、学业质量水平"外,还有一个"情境"。"情境"这个词在新课标中一共出现了33次,几乎覆盖了课标的各个部分,尤其在"教学建议"中明确强调语文教学需要"创设综合性学习情境"。而该词在2003年的《普通高中语文课程标准(实验)》中只出现了3次。可见,"情境"是新时期语文课程与教学不可忽视的关键词之一。①"没有活动就没有能力",教师只有把学生带入活动的特定情境中,学生才能入情、入境、入心,于参与中得到体验和锻炼,所以,我们应该想方设法多开展语文实践活动,让朗诵、演讲、辩论、表演等形式成为常态化活动。除了开展这些活动以外,我还坚持开展了"课前三分钟演讲"与"课文演绎"活动,"课前三分钟演讲"让每个学生都有登台展示的机会,课本剧表演则是在新课学完以后,以小组为单位开展的

---

① 刘飞:《高中语文情境创设的价值与实践方法》,《语文建设》,2018年第8期,第18页。

活动,要求从所学的课文中选择一篇进行"再学习",最终形成一个"课文演绎"汇报节目:可以选择散文、诗歌编排诵读,可以选择课文故事编演剧本,也可以改写、续写课文故事进行表演,这一活动正好符合了温儒敏老师提出的"优化学习的策略,促进学生语言文字运用能力的发展"。

4. 关注感受能力,寻找表达的触点(生动地写)

网络时代下的学生生活:一面是虚幻多彩的世界,一面是单调重复的生活;一面是对新事物的敏锐,一面是对身边事物的忽略,在"表达"上所带来的影响就是空洞、粗略、肤浅,这也影响了学生对美好生活的幸福感受。"感受力的培养是时代最迫切的需要,这不仅因为它是一种改善对人生洞察力的手段,而且因为它本身就会唤起洞察力的改善"。如何引导学生关注生活,提高感受能力? 一是利用日常中与学生的交流提醒学生留心身边的变化,二是引导学生调用多个感官去观察人、事、物的小细节并及时写下自己的感受,三是教给学生"意"写的方法,突出"我"在文中的效果。现分别摘录一节文字来说明:

其一:

"今天早上在上学路上有什么新的感觉?"

"我感觉风比昨天刮得大了一些,吹在脸上凉凉的,但是很舒服。"

"我看到一棵梧桐树上还开着一些花,显得有些孤零零的,但一样很鲜艳,很吸引人。"

"我发现刚刚立夏的阳光在早晨很明亮,感觉周围都好像是橘黄色,很柔美。"……

我听着,微笑,最后,我也要说自己的发现:"我今天路过那片竹林时,突然感觉竹身都泛出青绿色,好像一夜之间变成这样的,那新鲜的颜色令我不由得停下了脚步,好好端详了一番呢!"

一天的新生活就在这样的分享中开始了。

——孟红梅《走向教育的原点》

其二:

植物园里,一些树木还没有落叶,我来到一棵小桃树下,树叶的绿意还在,只是风在刻意地吹打它们,我不禁想用手留住这些绿色,却发现在桃树的枝干上鼓起了一个个"包",这是明年的嫩芽吗? 小桃树呀,你竟有这种准备? 你还没有枯萎,就愿意努力孕育新的生命了? 植物都能在熬冬天时抱着结"果"的念头努力生长,我们人呢,又怎能不去珍惜生命,熬过挫折,让生命展现到极致呢?

——学生张芮语《寻找生命的印记》

其三：

（原文）我不安地坐在椅子上，看见又有两位同学上去改答案了，可是我还是不敢。最后，我终于鼓起勇气，离开了座位……

（改文）这次上去写会是什么结果呢？（意）我坐在椅子上，双脚发抖，手也冰凉冰凉的，这使我感到很不舒服，不停地在椅子上挪动……又有两位同学上去改答案了，教室里出奇地安静。到底上不上去呢？我心里像揣了只小兔，（意）怦怦地跳着。我又把脚伸直了压了压，几次想冲上去，可我能对班里权威人物的答案提出异议吗？（意）我再一次在草稿纸上认真地计算了一遍，似乎真的找不出什么错误了。（意）于是，心一横，"呼"地站起来，跺跺脚，对着手哈了几口气，迈离了座位……

——学生高家硕片段练习

（说明：古代把人对事物的思想与情态和对事物的态度叫"意"，即"感觉"。）

从这几段文字来看，养成关注身边自然、生活的习惯，就会留心观察事物，观察是培养学生感受力的起点，观察的过程，就是积累感受的过程，观察越细致、全面，感受越丰富、深刻，写出的文字就越动人，越有真性情。

5. 瞄准训练目标，提升表达的效果（有效地写）

高水平的写作能力得益于长期的阅读积累，但教师的方法指导、系列训练可以提高写作的速度和效果。我在作文指导上采用的是"一写一得"的方法，即一次作文训练提出一个要求作为目标，如"写好细节"，经过读、赏、评、练"细节描写"的指导过程之后再实践于写作。为保证训练的效果，还配合平日的随笔进行系列内容写作，如写说明文时，作文布置写我们的校园，这一周的三篇随笔跟着写我们的教室，我的小屋，街角的建筑。这样有针对性的训练使学生能够充分感知某一个写法的妙处，瞄准目标，有的放矢。同时，大小作文齐聚目标，更稳固、强化了写作的效果。

二、生长，是生本课堂的抽穗拔节

我们知道，新课程的核心理念是"以人为本""以学生的发展为本"，要求教师在教育教学中能够面向每一位学生的发展，能够关注学生的全面、和谐发展，那么，以人为本的课堂应该是怎样的模样呢？从理论上来说，是把学生当作学习的主体，把学习的主动权交还给学生，让学生以自主探究、合作交流的方式进行学习。2013年，我从华东师范大学郑桂华老师的作文课《叙述一个曲折的故事》上领略了"生本"课堂的风采,有了对生本课堂的新的理解。①

(一) 尊重学情,让生长看得见

在这节课中,因为是临时借班上课,这个班级的语文素养不够突出,郑老师做出的两个举动给人留下了深刻的印象。一是关注、欣赏每一个学生的表现:兴趣引导激发学生,肯定回答欣赏学生,遇到障碍等待学生,每一个学生都从老师那儿感受到了关注和鼓励。二是基于学情,灵活变通教学内容:随机调整内容,叫停了较难的教学环节。带来的结果是:主动要求表达的学生多了,回答问题的正确率高了,积极投入讨论的气氛浓了,在画图解时出现了7种方法,在表述上学困难时出现了20多种困难,学生似被点中兴奋穴一般,都想把自己所思的、所知的表达出来。而且学生在下课离开时,表现出对郑老师的留恋。

面对我们的课堂常常忽略一部分"差生",参与课堂活动的总是那么几个同学的现象,面对老师多是把课堂当作展示自己成果的阵地,只是想着把准备的内容进行完毕的现象,借助我市"四环节循环教学"模式的推行中小组学习的优势,我尝试着去改变"'差生'没有地位"的弊端,比如,在提问时,我总是根据问题的难易程度来选择回答问题的学生。(如默写字词或背诵课文)这种基础性的问题,便让成绩不太突出的学生回答,有较高难度的理解性问题便交给成绩较好的学生思考,同理,展示时也是这样。在引导学生自主评讲试卷或习题时,则可以根据题型、难易进行具体分组分工,使每个学生都有具体事情可做。而且,我提出无论谁负责哪一道题目,都要保证首先自己掌握,其次保证让本组成员听懂,不然,本组成员就要不依不饶,给他点友好的惩罚。在检查基础作业(字词的掌握情况或家庭作业)时,可以让"差生"检查或批改"优生"的作业,这既可以让"差生"体会到"优生"完成作业时的认真态度,促使其自我反省,也可以使其发现"优生"的不足之处,激励其追赶超越之心。为避免"差生"在小组合作、竞争中不受欢迎,我在班级管理条例中设置了"考试进步奖励环节",如小组成员考试时进步5名,则小组加一分;月考时,小组成员中有3人及以上有进步者,小组加3分;帮助本组同学学习并前进20名以上的,小组每人加3分。以上措施不仅可以为"差生"提供为小组争取荣誉的机会,也可以使小组成员友爱互助、共同进步。通过在小组中给"差生"一个适当的地位,使其享受到进步的快乐,随之带来的就会有扬在脸上的自信,举得高高的手臂,主动迈开的双腿,这就是新课改最大的目

---

① 郑桂华:《"叙述一个曲折的故事"教学案例与分析》,《语文学习》,2010年第3期,第53页。

标所在——让进步、成长发生在每一位学生身上。

在教师方面,带领老师进行了听评课形式的改变,其中的改变之一就是把原来的"听课记录"改为"观议课记录",这个记录本最大的特点是,以表格的形式列出"教师活动""学生活动""我的问题与思考"。过去的听评课,记录和评价的都是老师的设计与行为,记录本的改变促使老师们通过看学生"学"的方式、参与度、情绪、效果如何来去衡量一节课的教学效果,观议老师的设计和活动也转变为观议学生的行为。例如:齐德建老师对《皇帝的新装》一课的观课分析:"在这堂课中学生活动时间充分,学生的独立思考、小组合作及课堂展示大致为 25 分钟,学生参与积极性较高,在课堂上展示人数多,展示次数多,展示的答案也精彩,学生的思考能力、感悟能力及语言表达能力都得到提高。"齐德建老师还感叹说:"一节课的成功与否,学生的回答、展示的准确度及精彩度是最高标准。如果每节课都能这样重视学生的活动、能力,学生的语文能力和语文素养怎能不提高呢?"在这样的引领之下,老师们慢慢接受了观议课"以学定教"的特点,在备课与上课时开始有意识地考虑学情、关注全体、激发潜能。

(二) 善于引导,让生长长得高

语文学习一个很重要的任务是启迪灵性。苏格拉底曾说:教育不是灌输,而是点燃智慧的火焰。"夸赞",是能够把学生的积极性诱导出来,唤醒行为自觉的重要方法,哪怕是一句不经意间的鼓励的言辞,只要被学生接收到,就会在其心间如星星闪烁,点燃他们内心的自信、热情、快乐。所以,我觉得作为一名语文老师要尤为重视自己课堂语言的感染力、鼓舞性。在我的课堂上,那种惊讶式的"你是怎么想到用这样方法来完成的",那种欣赏式的"看你的作业书面真的赏心悦目",那种直抒胸臆式的"你可真厉害呀"等课堂赞语常常出现,这怎能不令学生取得一个又一个的成功呢?

能够使学习变得轻松、愉快,激发学生进步的关键还在于老师善于引导、启发。好的老师总是能够把问题设置化难为易、化枯燥为有趣,把学生于不觉中引向了高处。"教师要善于引领学生自己去寻找、发现方法"是郑桂华老师那节课给我的第二个课堂启发。课堂中,由动手去画故事的"波澜图",学生明白了叙述故事要有"转向";由给困难标注星数,学生发现了"难度系数"对一件事的影响;给困难分类,学生学会了怎样进行适当的"困难组合"。郑老师总是先让学生动手去做,做了之后去发现,发现了之后去总结,总结了之后再去拓展运用。看看学生参与热情的高涨、发现结果的惊喜,你就会感到这节课最大的亮点就是,学生进步了。这与我们把写作方法呈给学生的做法进行比较,你会发现让学生自己去"寻找方法""发现方法"才更让学生乐于接受并能领悟、运用于学习中。

这让我每次备课时便不由去想,这个问题怎么设置学生会更喜欢探讨,更能表达出自己的见解,更能发现其中的妙用?遇到作文指导课时也不由去想,是"写后评、再修改"的效果好还是"读过例文、悟出方法"再去写好呢?学生灵性的启迪重在一个"悟"字,怎样能悟得好,悟得深,就在于问题的巧妙引导上。拿阅读教学来说,就表现在对文本解读切入点的选择上。为抓好这一点,我总是在精读文本后再"四看":看单元提示、看课前引导、看课后习题、看练习资料,斟酌出最佳的切入点形成主问题,学习内容环环相扣,把学生带入文本的深处以及文本之外。如授课《范进中举》时,我抓住"课后习题三"中指出"讽刺是本文的艺术特征"这句话的"讽刺"来入题,通过"讽刺谁?怎么讽刺的?讽刺的目的是什么"把一篇长课文分析得简洁又深入。再如,在《香菱学诗》一课最后由香菱的悲剧结局引出《红楼梦》中其他女子的命运,让学生认识到《红楼梦》是"封建女性的赞歌,是封建女性的悲歌"这一主题。"语文老师不只是要告诉学生字面上写了什么,而是要引导学生看到字里行间的空白处流淌着什么",选自名著的课文,在课堂学习中应该借此引领学生靠近名著,应该有些文化气息,这才是语文课堂吸引学生的高处风景。

三、生命,是书香滋养的桃源洞天

生命需要滋养,才得以增加生命的厚度和深度。生命的滋养,我认为来自两条途径:行万里路,读万卷书,即阅历和积淀。在学校生活中,我们能做到的对学生有长远意义的一件事就是培养学生的阅读兴趣和习惯。唯有阅读,才能使个体生命以单一接通丰富、以局部接通无限、以短暂接通永恒。

(一)躬身示范,激发阅读欲望

在很多的场合、很多的文章里面我毫不掩饰我的爱好:读书、写作。的确,读书、写作已经成为我生活的一部分,成为生命存在的一种形式。我觉得在成长的路上,书在一直拯救着我,源源不断地输给我营养。2011年,我写了《阅读如何让我从"卑微"中突围》。2017年,我写了《书犹药》。这两篇文章都发表在《中国教师报》上面。后来,出版了散文集《走走,看看》和专著《班主任的教育熏陶力》。当我选择任教语文,我便要做一个引领学生爱上阅读的语文老师,尽管在教学中存在着一些困难的因素,我依然觉得能够影响一个便要惠泽一个!不仅去引领学生,我还借助自己外出讲座、博客发文来影响身边的老师们、家长们,这些年单是围绕阅读话题的文章就达 27 篇 75 000 多字,涉及倡导阅读的讲座 4 个。2018 年 5 月,我受聘成为郑州阅读论坛的"阅读推广人",并作为教师代表发言,我发言的题目是"此生,做个简单的读书人"。这一次次的经历让我明白:你想要别人是什么模样,你先要是什么模样。

(二)名著阅读,扎深语文根基

阅读名著不仅可以提高孩子的语文学习能力,而且可以为孩子提供巨大的精神力量。抓住语文学习的根本,就会注入生命教育的内涵,从而达至一种理想的语文教育境界。在推进名著阅读的过程中,学生读完之后,我又用两周时间开展读书分享活动,如"话说三国""走进红楼""趣品西游"等。通过开展知识竞赛、阅读笔记展评、评阅读之星、接力故事等,提高学生的阅读兴趣。为引领学生广泛而深入地进入名著阅读,我还会设置一些答辩题供学生探讨,有的还写作成成篇的评论文章,如《水浒》的答辩题为:1. 众英雄齐聚梁山后,宋江一门心思想被朝廷"招安",你对此有什么看法? 2. 人无完人,"打虎英雄"武松也不例外,结合你了解的故事情节谈谈武松有哪些性格缺陷。3. "义"是众多水浒英雄共有的特点,你赞同他们的"义"吗? 结合其中一个英雄形象谈谈你的认识。4. 民间有这种说法:"少不看《水浒》,老不看《三国》",为什么会有这种说法呢? 请你结合故事或人物谈谈对"少不看《水浒》"的理解。

(三)推荐阅读,引进文学殿堂

向学生推荐阅读书目是每年都要有的,因为学生的学段和基础不同,所适合阅读的书籍也各不相同。此外,还要考虑书的类别、学生的性别,根据学生的兴趣向学生推荐合适的书籍。有时我也把一些学校和教育名家推荐的书目转给学生留存、选择。但是,寄宿班的学生大都是留守儿童,不能满足经常读书的条件,我也会把家里的杂志、书籍分发给他们,和他们一起欣赏优美的杂志、好文。每当看到学生聆听时满足、沉迷的神态,我知道自己力量微小,阅读引领和让学生去大量阅读肯定会遇到障碍,但是,对语文、班级管理始终有着一颗"理想主义"之梦的我,还是想能做多少做多少,能影响一个算一个。

(四)校本诵读,丰厚文化底蕴

在推进我校书香校园的文化建设中,我带领语文老师为学生编写了三本校本教材:"润心"读本《古代诗歌选粹》和《现代诗歌选粹》,"润德"读本《100 个名人小故事》。每学年规定七年级诵读《古代诗歌选粹》，八年级诵读《现代诗歌选粹》，九年级阅读《100个名人小故事》，要求各班主任与语文教师要根据每册书的篇目、数量，有计划地推进阅读或背诵。为检验校本书的阅读效果，每学期结束，七年级结合课内背诵篇目举行古诗词背诵或默写比赛，八年级举行新诗朗诵会，九年级举行主题征文或演讲比赛。经典文化作品的增补，在一定程度上增加了学生的阅读积累，丰厚了学生的文化底蕴。

（五）阅读活动，推动兴趣能力

每学年开学，我带着学生设立班级图书角，布置读书展示台：每周荐书书目、每周阅读之星、"语海拾贝"，制订班级与个人阅读计划，成立阅读委员会，每个小组有阅读组长，负责提醒、检查、落实各组的阅读情况。按照"阅读之星"的评选方案，每周一次评比"阅读之星"，每月评比"阅读硕士"，学期结束评比"阅读博士"，为班级爱阅读的学生举行隆重的颁奖仪式，发奖品、奖状予以鼓励。每年也会交替举办一些阅读活动：如分享会、接力赛、辩论赛、演讲等，但朗诵比赛是每学期必须进行的。每次我都会发现，只要给学生一个施展才艺的平台，他们便会还你一个惊喜。

阅读，是语文的底色；文化，是生命的底蕴。没有阅读，没有文化的浸染，语文也就成了贫瘠的荒漠。于我而言，语文学习就是老师带领学生读书的过程，就是带领学生漫步先哲们心灵旷野的过程。那我就和孩子们一起行走在书籍的旷野上。

综上所述：语言建构与运用、思维发展与提升、审美鉴赏与创造、文化传承与理解，作为语文学科的四大素养，其实表现在语文教学中就是中学生适应时代的发展要求的听说读写能力以及在语文方面表现出来的学识修养和人格修养。将语文学习的原点定位为"生活"，将语文学习的姿态定为"生长"，将语文学习的远方指向"生命"，就是尊重了学生的学习从生活出发，并回归生活的教育理念。就学习内容而言，既有横向丰富也有纵向关联，目的就是让学生在生活中，在课堂上自由、个性地生长，使个体生命变得丰盈而多彩。但这一想法既有现实性，也具理想化，在摸索中还需要继续延展、拓深语文课程，比如开发多维度阅读课程、多元化表达课程，比如做好整本书阅读教学设计和序列作文设计，等等。语文教学的探索永远没有止境，我将继续在思考中前行，在感悟中提升，在与学生一起学习的过程中，让自己也经受素养的熏染和人格的教育。

参考文献

[1] 刘飞.高中语文情境创设的价值与实践方法[J].语文建设,2018.

[2] 郑桂华."叙述一个曲折的故事"教学案例与分析[J].语文学习,2010.

[3] 杨晓.让"身体"回到教学[J].全球教育展望,2015(02).

【作者简介】

孟红梅,永城三中副校长,正高级教师。

《记承天寺夜游》教学设计

路传银

一、教学理念

1. 语文学科要注意提升学生的语文素养,即语言建构与运用、思维的发展与品质、审美鉴赏与创造、文化传承与理解四个维度。
2. 新课程标准要求培养学生自主探究合作的学习方式。
3. 新课程标准要求开发开放而有活力的课程。

二、教材分析

本课是八年级上册第三单元第十课,本单元的教学目标为:借助注释和工具书,整体感知内容大意。反复诵读,借助联想和想象,进入诗文的意境,感受山川风物之灵秀,体会作者寄寓其中的情怀。全文仅85个字,却运用记叙、描写、抒情等多种表达方式,创造了一个清冷皎洁的艺术世界,表达了一位贬谪的文人寻友、赏月的情境,借此传达了作者微妙复杂的心境。

三、学情分析

经过七年级的文言文学习,八年级的学生已经具备了一定的赏析文言小品的知识基础。

此外,学生已经接触过苏轼的诗词,对苏轼有一定的了解,但对其作品的了解可能停留在表面,难以深入体会人生哲理以及作品中所蕴含的思想情感。学生需通过反复诵读和品味文章中的语言,突破学习中的重难点,理解作者心境,掌握一定的赏析景物描写技巧。

四、教学目标

1. 掌握文中出现的重点文言词汇和句式,提高阅读和理解文言文的能力。
2. 反复诵读文章,品味文章中的优美语言和意境,提高审美鉴赏能力和文学素养。
3. 结合苏轼生平经历、写作背景、思想哲学,感悟苏轼的心境,领会其复杂的内心情感。

五、教学重点、难点

教学重点:

品味优美语言,文章中的语言凝练含蓄,比喻精当,情景交融,教师应引导学生细细品味,提高学生的文学鉴赏能力。

教学难点:

学习古人写景抒情的方法,寓情于景,学习复杂微妙情感的表达,并能够运用到自己的写作中。

六、教学过程

(一) 出示课题,共同读题

(略)

(二) 抢答问题(起)

第一个问题,谁知道苏轼的轼是什么意思?(出示轼的图片,明确轼可以远望的功能)第二个问题,苏轼的字是什么?(围绕子瞻讲苏轼修齐治平的儒家理想以及苏轼科举功名)第三个问题,苏轼有一个号是什么?第四个问题,谁知道苏轼的东坡居士这个号的由来?(出示文章的写作背景:43岁(元丰二年)任湖州太守。同年,以诽谤嘲讽新政的罪名被捕入乌台监狱,经过长时间的审问折磨,差一点掉了脑袋。这就是"乌台诗案"。44岁(元丰三年)被贬为黄州团练副使(相当于现代民间的自卫队副队长),有名无实。同年,苏轼的老朋友马正卿专程从扬州来看望苏轼,目睹"先生穷到骨"的生活,便找到昔日的同窗黄州太守徐君猷,求他将临皋亭下过去驻兵的数十亩荒地拨给苏轼开垦耕种,以解决吃饭问题。苏轼对于垦植这片土地很高兴,不但解决了吃饭问题,更因其在黄州城东,是一块坡地,与唐代大诗人白居易当年植树种花的忠州"东坡"相似。白居易是苏轼敬慕的人,于是他效法白居易,将其地称为"东坡",自号"东坡居士")第五个问题,谁知道东坡居士的居士是怎么回事?(围绕居士明确苏轼接受的佛道思想:唐宋时期,佛教在我国盛行,道教修行之人也自称居士,对中上层知识分子影响很深,所以许多人便以"居士"为号。比如笃信道教的李白号"青莲居士",白居易自称"香山居士",范成大自号"石湖居士",李清照自号"易安居士"。① 在"乌台诗案"以后,苏轼的内心也已经远离了仕途,生活也脱离世俗,转而与禅僧结交朋友。在禅宗盛行,仕途失意的情况下,苏轼更深入地与禅宗接触,能在那种绝望的情况之中,仍保持着超然洒脱的情怀。元丰三年冬至开始,苏东坡曾在一家道士观里闭关修炼七七四十九天)第六个问题,既然居士与佛道两家有关,那么谁知道佛道的核心思想是什么?

设计目的:第一,了解苏轼的人生经历;第二,了解苏轼这个人的哲学思想;第三,让学生了解佛道两家的思想以及居士文化;第四,了解苏轼的生平和思想,然后结合文章的写作背景,真正地走进苏轼的内心世界,体会他当时的心境;第五,活跃课堂氛围,激发学生的学习兴趣。

(三) 指导朗读(承)

朗读分两个层次,第一个层次是初读可为,要求是读准字音读出节奏,第二层要求是在音的轻重、长短、高低上做一些讲究,或者说运用拖音读出文言文的文言味儿。

设计目的:感受文言文的韵味,提高阅读品味和审美的情趣,更好地感知文本。

(四) 疏通文意

1. 让同学们以同桌为单位,结合注释疏通文意。

重点讲解词语:户、盖、空明。

---

① 王涛:《唐宋之际城市民众的佛教信仰》,哲学中国网,2024年,第108页。

重点讲解句子:解衣欲睡,月色入户,欣然起行。

相与步于中庭,庭下如积水空明,水中藻、荇交横,盖竹柏影也。(理解这个句子,要层层追问,分三个层次:一是语义层次的理解;二是意象的分析;三是赏析这个句子的表达效果)

2. 检查反馈

学生反馈,学生点评,老师总结,适时点拨,层层追问,在教学评的统一之下,使学生深度学习。

设计目的:

(1) 培养学生自主探究合作的学习方式。

(2) 通过说文解字,传承理解汉字文化魅力,积累文言文词汇。

(3) 借助联想和想象,进入诗文的意境,感受作者笔下的美景。

(五) 感悟东坡(转)

1. 东坡居士在接受佛的思想之后,变得非常洒脱,说自己是一个闲人,结合文章的内容,说一说苏轼为什么说自己是一个闲人?

预设:

(1) 通过欣然起行,感受到东坡想走便走的那种悠闲。

(2) 通过遂至承天寺寻张怀民感受苏东坡想去哪里,便去哪里的那种悠闲。

(3) 寻找张怀民体现了他想找谁就找谁的那种悠闲。

(4) 通过景色感悟悠闲。

闲人:闲情逸致,清静无为,悠闲漫步,洒脱。

2. 清静无为而洒脱的东坡居士并不是真实的苏东坡,他的名字叫苏轼,字子瞻,所以说修齐治平才是苏东坡的初心,而这时候他却说自己是个闲人,这个闲人又该怎么理解?

3. 为什么偏要去找这个闲人?说到张怀民,要思考苏东坡在黄州期间喝酒,他最熟悉的是陈季常,但是他在这晚去找了张怀民,结合写作背景思考苏东坡为什么要去找张怀民?

4. 看来那天的苏轼其实并不洒脱,展开联想,分析苏东坡的心理,探究他无法入眠的原因。

设计目的:通过设计开放的问题,在问题的分析中提升学生思维,使学生在联想与发言中提升语言建构与运用能力。

六、布置作业(合)

那么那天晚上,苏轼和张怀民一定是说了许多话,可是苏东坡却一句都没有写,展开联想,以文言形式,补写一下那天晚上二人的对话好吗?

设计目的:

设计读写结合的作业,可以强化学生对文本的理解、对人物的感知,发展学生语言运用、思维能力两种素养。

七、《记承天寺夜游》教学反思

为什么要选择《记承天寺夜游》来讲?说实话,是因为喜欢苏东坡,喜欢读东坡的小品,喜欢东坡的手札。前两天诌了两首小绝句,其一:本是井底客,偶做桂堂宾,若问平生事,天地一散人。其二:偏爱井底坐,静观商与参,不知蟾宫内,桂香可销魂。看了的书友说有点苏东坡的味道,有《渡海帖》的味道,有《寒食帖》的味道,有《人来得书帖》的味道,所以我想以一个苏书爱好者的身份,以一个文字爱好者的身份,以一个既是粉丝又是老师的身份,与中学生一起解读《记承天寺夜游》,那应该是与众不同的。

(一) 与众不同的导入

一般讲《记承天寺夜游》往往是介绍作者与背景,或者由有关苏轼诗词名句引出课题,我是课前让学生搜集有关苏轼的材料,准备上课抢答六个问题。所以上课之后就直接以苏轼的笔法直接书写课题,课题下方板书苏轼二字,(其实粉笔一样也可以写出苏书的神韵的)板书之后,是能激发气氛的抢答,抢答六个问题,这六个问题围绕着苏轼的名字来问,问题的内容自然也与众不同:什么是轼?苏轼的字?苏轼的号?东坡居士的由来?什么是居士?佛道两家的思想?六个问题层层追问,连点成线,顺势而出,活跃了课堂氛围,普及了儒道释的思想,为后面解读闲人做了铺垫。

第一个问题,《说文》上说:轼,车前也,结合古代战车图片展示轼的作用。第二个问题,讲子瞻,《说字》注:瞻,临视也,向远处或高处看的意思,即高瞻远瞩,苏洵为苏轼起这个字,寄托对孩子很大的期望,讲苏轼的生平事迹。前面两个问题是关于儒家思想里的苏轼。第三个问题,几乎所有同学都知道,但承接这个问题而问的第四个问题,是考查了学生预习情况的一个难题,这个问题的设计是为了引出"乌台诗案"。问题到此一般老师看来是已经很详细了,但问题的背后还依然有更重要的问题:虽然都知道东坡居士,但是几乎无人知晓什么是居士,这个问题的设计是为了从苏轼的号入手,告诉学生苏轼已经接受了佛道两家的思想,其实却极其重要,因为居士是佛道两家对在家修道之人的称呼,"乌台诗案"之后,东坡曾多日闭关修炼,研习佛法,深受老庄思想的影响。在佛道两家的怀抱中,他被巨创的灵魂得以平静,但问题并没有结束,既然提到了佛道二家,那么下面自然顺势提到佛道两家的思想是什么。佛讲究一切皆空,道追求顺其自然,两种核心思想在学生中得到了普及。

(二) 与众不同的过渡

我是这样过渡的:在佛道思想的影响下,从此我们儒家的苏轼就叫东坡了,原来修齐治平的子瞻就是一个洒脱的居士了。于是这个洒脱的居士,在公元1083年也就是元丰六年的一个夜晚,写了一篇只有85字的洒脱的小文章(出示以东坡的笔意,小楷书写的《记承天寺夜游》图片),请大家大声读,自由读。这个过渡不仅仅是引出后面的朗读环节,而重点是强调一个洒脱,其中用意后面慢慢揭示。

(三) 与众不同的三级朗读

承接前面的过渡,是三级朗读。

第一级,大声读自由读,读出节奏,读准字音,这是读文言文的低级要求。

第二级,读出文言的文言味。老师泛读,学生品读,读得有滋有味,有声有情。

第三级,结合课下注释与工具书,以同桌为单位疏通文意。对学生合作疏通文意的反馈,只要没什么问题,老师不必重复讲,但一定会在关键的几个字词上进行解读,比如,在这篇文章里面"月色入户",户的甲骨文戶,《说文》解释:户门也,门的甲骨文門,《说文》:门者,二户也,故门户有别,门当户对,既有阶级之别,又有贫富之分,这样对户的认识从低级的字音字形字义,追根溯源到造字之初的甲骨文,探究字义的表达,从而把字词认知上升到文化层面。第二个句子,"庭下如积水空明,水中藻荇交横",这个句子虽然易知却不易解。我精心设计这样的问题:空明是什么意思?学生回答是"形容水清澈透明",故意设错追问"澄澈的水中有什么",学生不知不觉就入我彀中"有藻荇交横"。老师再次出示庭院中的图片,然后再问:仔细看看,这庭院中真的有水吗?学生便立刻明白了是月色明亮如水,明白那是作者的幻觉。对句中盖的理解有两种,金文𥃩,苫也,就是以草覆盖的意思,引申为大概和原来两个词义,但具体应该是哪个意思呢?为什么?课标说,语文应建构开放而有活力的课程模式,所以我放手让学生争论两个解释,最后讨论的结果,第一,大概的意思,因为前面产生了"积水空明,藻荇交横"的幻觉,所以猜测那是竹柏的影子。第二,因为有前面的幻觉,再仔细看,恍然大悟,原来是竹柏的影子。两种答案,无是无非,不管是哪一种理解,都要让学生对这个句子进行品读,或者读出猜测的感觉,或者读出恍然大悟的感觉,读出似真似幻的感觉。

(四)与众不同解东坡

1. 东坡居士的洒脱

我们前面说东坡居士在接受佛道思想之后变得非常洒脱,现在我们理解了文意,在这篇85字的小文章中,你从哪里能够看出东坡居士的洒脱?为了避免问题覆盖过大,要求学生先从叙述性的语言中分析,比如说想走就走很洒脱,想去哪便去哪很洒脱,想找谁便找谁很洒脱。但如果问题一直这么问下去的话,那么课堂便如流水账一样没有趣味了,讲课须如运笔,要铺毫,要流畅,又要驻笔,于是老师截住学生回答的找谁这个问题,设疑激趣:"不对啊,据老师的了解,苏东坡在黄州最铁的哥们,不是张怀民而是……"出示平常所临的苏东坡的手札,《人来得书帖》《一夜帖》《新岁展庆帖》《东武帖》,上面均出现一个人——陈季常,所以这个失眠之夜他应该去找陈季常,而他却去找了张怀民,为什么?老师故卖玄关,激发兴趣之后,出示张怀民被贬的背景,学生速读,然后谈论苏东坡寻找张怀民的真实原因:二人有共同的经历,共同的感受。老师总结而后发问:由此看来二人也是知己,其实在文中有一个字,可以看出二人是知己的,看看哪一位同学的眼光最敏锐,"亦"便呼而出也。然后回归问题,从描写性的语言里面,感受苏东坡的洒脱,这个问题的处理以读为主,洒脱地读,读出洒脱。再从抒情议论性的语言,探究苏东坡的洒脱。学生轻轻松松地从"闲人"二字中便感受到了东坡的洒脱。

2. 这个闲人不洒脱

老师:参禅悟道的东坡说自己是个闲人,你觉得为什么?学生结合文章内容与写作背景,或言其无事清闲,或言因其旷达乐观,或者说就事论事因与知己赏月,心情愉悦……重新出示苏轼的儒家思想,老师话锋陡转:我们都忘记了,佛道思想里面的东坡居士并不是最真实的他,他叫苏轼,字子瞻,修齐治平是他的初心,现在修齐治平的苏轼,只是说自己是个闲人,你怎么理解?学生也是一愣,纷纷发言,或言东坡心中无奈,被贬心悲,洒脱的表面隐藏着他沉重的叹息,其实他并不是真的洒脱。于是我突然想到在那个不眠之夜,在那夜的月光之下,这个自命闲人的人会想些什么呢?学生自由发言,老师总结,大家都能想到子瞻心中所想的,因此我们每个人都是子瞻的知己。

(五) 与众不同的作业

老师每一次读这篇文章都有一个遗憾,那天晚上的子瞻和那天晚上的怀民,在月光之下,庭院之中,一定说了许多话,请大家作为子瞻的知己,补写一下两人的对话,作为今天的作业。

(六) 与众不同的细节

1. 苏轼的照片,儒家、佛道思想等多张幻灯片的前后照应,使课堂结构严谨,问题分析得以升华,在回环往复中妙趣横生。

2. 课堂语言中,对苏轼的称呼,由名转字,后称号,最后回归名字,是结合授课内容,确定解析苏轼的过程,先儒家,再佛道,最后回归儒家。

3. 前面课堂语言中刻意强化洒脱,是蓄势,是为了与后面的不洒脱形成反差,使课堂环节曲折有致。

4. 若干字词理解,句意疏通,问题探究,如书法笔画的排叠处理一样,必然于同中见异,相映成趣。

5. 板书设计与众不同:

整个课堂设计奇中见正,正在问题的设计结合教材后面的思考探究,与参考用书中的教学建议,以苏轼的"名""字""号"为线索贯穿课堂,以"名""字""号"背后承载的思想为背景,深度探究人物情感。教学设计完全符合语文课程理念,课标要求全面提升学生的语文素养,所以课堂中,有儒家,也有佛道,有甲骨文,有《说文解字》,有书法,总之有文化,有审美,注重学生思维能力的发展与提升,强化学生语言的表达运用;问题探究的形式有自主,也有合作,课程开放而有活力。奇在自己独特的课堂设计形式,我觉得设计课堂犹如书法创作,有起承转合,有连有断,有起伏,有照应,有浓墨,有淡彩,大处有章法,细处见精神;讲课得如脂砚斋对《红楼梦》的这一段评语:"事则实事,然亦叙得有间架、有曲折、有顺逆、有映带、有隐有见、有正有闰,以致草蛇灰线、空谷传声、一击两鸣、明修栈道、暗度陈仓、云龙雾雨、两山对峙、烘云托月、背面敷粉、千皴万染诸奇书中之秘法,亦不复少。"所以课堂虽不落窠臼,而中规中矩。

参考文献

[1] 张蓉清. 浅谈初中语文教学中的审美教育——以《记承天寺夜游》为例[J]. 语文世界, 2024.

[2] 郭雅秀. 基于"品读"大概念的文本意象分析——以《记承天寺夜游》为例[J]. 中学语文, 2024.

[3] 瞿锦雯. "欣然"与"积水"背后的生命超越——《记承天寺夜游》"空明"新解[J]. 语文教学与研究, 2023.

【作者简介】

路传银,宁陵县华堡镇中学教师,中学高级教师,河南省优秀老师。

走近林徽因，体味"新月"美

——《你是人间的四月天》

张丽萍

（一）教学目标

1. 理解意象内涵，感知诗歌意境，体会诗人情感。
2. 诵读诗歌，感受诗歌的音乐美、绘画美、建筑美。
3. 拓展阅读，体会林徽因诗歌的美，激发学生读诗、写诗的兴趣。

（二）教学重点

理解意象内涵，体会诗歌意境，把握诗人情感。在诵读中感受诗歌"三美"。

（三）教学难点

感知体会林徽因诗歌的美，激发学生读诗、写诗的兴趣。

（四）教学课时

一课时。

（五）教学过程

1. 课堂导入

有这样一个女子，她的美丽逾越漫长的时空，凝结在一句句玲珑精致又轻灵典雅的诗行;她是一位卓有成就的建筑学家,也是一位才情横溢的诗人。她是谁呢?

2. 明确学习目标

(1) 理解意象内涵,体会诗歌意境,把握诗人情感。

(2) 诵读诗歌,感受诗歌的音乐美、绘画美、建筑美。

(3) 拓展阅读,体会林徽因诗歌的美,激发学生读诗、写诗的兴趣。

3. 走近林徽因

请同学们根据自己课下的准备,介绍诗人生平资料,主要贡献。在资料查找中,我们初步了解了林徽因。她首先是位建筑学家,然后才是一位作家。其实她在绘画、翻译方面也有造诣。她是"风华绝代一才女",也是"新月派"代表诗人。

4. 初品诗歌之味(第一课时,单元通读中完成)

朗读诗歌,读准字音。整体感知诗歌内容,初步体会诗歌韵味,把握诗歌感情基调。

5. 赏析诗歌之美

同学们在自主学习、整体感知本单元四首诗歌时,老师曾问大家,最喜欢哪一首?许多同学都说最爱这首"四月天"。那么你为什么喜欢这首诗呢?我们先来聊聊这首诗的"美"。请同学们自由朗读诗歌,再考虑一下,准备交流。

学生在老师的点拨下自主赏析。抓住诗歌的意象,感知诗歌的意境,体会诗人的情感。

教师小结:无论是友情,还是亲情,我们可以深切感受到的是:诗人对心中的美好事物和情感,表达了最热烈而深情的赞美。如诗歌的副标题所言,这是一首爱的赞歌。

6. 读出诗歌之韵

这真是一首轻灵而美好的诗啊!那么,同学们,当你们想向别人推荐一首好诗时,你会用什么方法呢?——读给他听。那么,大家觉得,朗诵这首诗要用怎样的感情基调呢?(喜悦,欢快,轻灵,温暖,深情)

请同学们自由朗诵诗歌,用自己的声音和情感读出你对这首诗独特的感悟。然后选择你最喜欢的一个诗节,读给大家听。

学生朗读,感谢刚才几位同学的朗读分享,这首诗读起来如同春日里一曲淡雅的歌谣,在我们的耳畔轻轻柔柔又余音袅袅。那么,同学们在朗读时发现这首诗有什么特别吗?

学生在教师的点拨下赏析诗歌形式之美。

7．了解"新月派"

简单了解"新月派"。了解闻一多提出的诗歌创作的"三美"主张：绘画美、音乐美、建筑美。而林徽因的诗正体现了这样的创作理念。

这首诗以极富特征的意象、清新雅致的辞藻，让我们置身于一幅优美的画卷。又以和谐的韵律、变化的句式，让音乐的美在诗中流动。还以匀称而整齐的形式，体现了诗歌与建筑艺术的融合。

教师完成板书。

8．欣赏名家朗诵

在电视节目《朗读者》和《经典咏流传》中，都有这首《你是人间的四月天》，或用诵读或用歌曲来传递经典。

学生看朗诵视频，小声跟读。

9．多文本拓展阅读

一首《你是人间的四月天》让我们感受到"人间四月天"的轻灵、美好。意犹未尽，让我们再来欣赏两首林徽因的诗《笑》《一首桃花》，进一步感受和体会林徽因诗歌的典雅、灵动与精致。

给学生发阅读材料。

明确阅读要求：

（1）自由朗读两到三遍，体味诗歌的美。

（2）小组合作，结合课件的提示，批注朗读时的发现和感悟。前四组赏析《笑》，后四组赏析《一首桃花》。

（3）小组代表朗读展示。同学们用声音传递这两首诗歌的美：

《笑》：一个灿烂无比、甜美绝伦的笑，在诗行中展示出最纯粹的美丽。

《一首桃花》：那一瓣、一朵、一树桃花就如一个顾盼生姿的曼妙女子，举手投足留下的气息与痕迹。

10．课堂小结

走进林徽因的诗，我们看到了更美的世界；喜欢读诗、写诗的人，会拥有一双发现美的眼睛、一颗感受美的心灵，营造更加诗意的生活。

11. 布置作业

(1) 开始读诗吧。读林徽因的诗,读新月派(徐志摩、卞之琳)的诗,读其他的诗。

(2) 试着写诗吧。("在语文教材中,《你是人间的四月天》所在的诗歌单元注重以任务驱动教学。其中'尝试创作'便是任务之一。既然是任务驱动,结合课程标准中关于综合性和实践性的语文课程性质,尝试创作即是对语言文字的实践运用。只有在语言实践中,才能提高语言运用能力,培养思维品质,从而彻底转变过去静态鉴赏的解读方式,并践行语文学科工具性与人文性的统一。当然,语言的实践过程,要注重联系自身实际生活,要引导学生在观察生活、品味生活中利用诗歌形式表达自我情感,从而构建自己独特的表达体系。"①)什么是你心中的"四月天"呢?请同学们细数心中的美好,把它化作文字、倾注笔端,仿写《你是人间的四月天》。

12. 板书

你是人间的四月天

意象绘画美

意境音乐美

情感建筑美

强调学生的自主活动体验是教材编排的特点之一,其目的是引导学生在语文综合实践中获得能力。为此,教材以语文综合性学习活动为基础,新增了四个"活动·探究单元"。活动·探究单元以任务为轴心,以阅读为抓手,通过读写、听说的融合,课内、课外的互动,培养学生综合运用语言文字的能力。② 文本学习——实践活动——写作练习是单元设计的基本思路。

九年级第一单元的"活动·探究"主题是诗歌教学。三项活动任务分别是:学习鉴赏,诗歌朗诵,尝试创作。我在进行本单元的教学设计时,也按三个版块进行,版块之间呈递进关系,重在突出学生的自主学习体验。

第一版块五首诗的阅读欣赏,是后两项任务完成的基础,计划四个课时完成。《你是人间的四月天》是阅读学习的第二课时。第一课时安排学生通读五首诗歌,借助课本上的

---

① 周敏捷:《三重维度巧解现代诗歌作品——以林徽因《你是人间的四月天》为例》,《中学语文》,2022年第32期,第50-51页。

② 王钰:《统编初中语文"活动·探究"单元教材分析与教学探究——以八年级上册新闻单元为例》,《国家通用语言文字教学与研究》,2023年第9期,第73-75页。

辅助资料进行独立学习、自主欣赏。本单元的五首诗精短且思想感情较为显豁,学生通过助学系统,能基本理解诗歌内容,把握诗歌的感情基调,初步体会诗人的思想感情。在阅读后的交流中,许多学生表示最喜欢林徽因的《你是人间的四月天》,读起来很美,但也有些地方不太懂。因此,在随后的教学设计中,我以这首诗为主,引导学生抓住诗歌的意象和意境,体会诗歌之美,了解新月派诗歌的"三美"主张,同时通过诵读展示、拓展阅读等环节,激发学生读诗、爱诗的兴趣,为后两项活动任务作好铺垫和准备。

完成本节课的教学后,学生通过分析意象、体会意境、把握感情的方法合作完成另外三首诗的自主阅读。然后进入第二版块"班级诗歌朗诵比赛"的准备阶段。朗诵活动由三位语文课代表组织主持,分小组展示,评委打分,评出一、二、三等奖给予班级加分奖励。学生在准备比赛的过程中,自然完成了活动策划、分工合作、资料查找、组织演练等环节,充分体现了"活动·探究单元"的自主性和实践性。当然,学生在准备过程中,需要老师的及时引导。

在第三版块的"尝试写作"中,孩子们也是兴致盎然。仿写是创作的起点,学生纷纷尝试仿写,《你是人间的四月天》仿写者尤其居多。举两例如下:

你是人间的春暖花开

(魏语卿)

你来了,
坐在湖边,
脚尖轻点冰冻湖面。
湖面冰怕羞,
化作一潭春水向东流。

你用纯净的双瞳,
打量无垠的天空。
云霞映入你的眼,
竟是红了脸。

你是花间飞舞的彩蝶,
是枝头初放的新叶;

你是星光点点的晴空，
是雨后如梦的彩虹。

你是喜是悦，
是生机勃勃，
你是人间的春暖花开。

你是北方的艳阳

（陈佳怡）

我说你是北方的艳阳
融化冬日的寒冰；温暖
在人们心中扩散

你是寒冬里的炽热
银色世界里的点缀
北方大地的生机

那暖那热烈，你是
你调控着
春夏秋冬的变换

你是世间的欣欣向荣
照射的湖面粼粼波光
你是一花一木的盛放

——你是热烈是温暖
是希望
你是北方的艳阳

同学们的创作和展示让我眼前一亮，带来了许多惊喜。虽然在语言上、韵律上、意象选用上、情感表达上都还有瑕疵，但是那份语言的灵动、情感的丰富、青春的气息洋溢于笔端。

  为提高学生综合运用语言文字的能力，培养学生的语文核心素养，使学生将阅读、写作、口语交际、资料搜集、活动策划、实地考察等项目相互融合，语文教材八、九年级共编排了四个"活动·探究"单元，分别为：新闻、演讲、诗歌、戏剧。在实际的教学中，我们发现，孩子们喜欢这样的学习活动，只要老师用心设计，愿意放手，给他们一方舞台，他们便会带来一份惊喜，展示一份精彩！

参考文献

  [1]周敏捷.三重维度巧解现代诗歌作品：以林徽因《你是人间的四月天》为例[J].中学语文,2022.

  [2]曹迪,杨柠.谈《你是人间的四月天》中意象与色彩的运用[J].辽宁师专学报(社会科学版),2017.

  [3]王丽.品读细腻诗情　体验诗意人生：试解《你是人间的四月天》[J].中学语文教学参考,2022.

【作者简介】

张丽萍，河南省三门峡市第二中学语文教师，中学高级教师，中原名师。

用文字滋养生命

——感知训练基本课型及教学案例

周枫琳

我的作文教学主张是,用文字滋养生命。

写作作为一种沟通手段,是作者在与自然、社会、他人、自我交流沟通过程中产生的,而生活是写作的源泉。丰富学生的生活体验,培养学生敏锐地感知生活的能力是中学作文教学的重要任务,同时深化学生由现象到本质的思维能力,领悟生活的真、善、美,怡养性情,构建丰富、健康、乐观、向上的精神生活也是中学作文教学的重中之重。

文字是一种生命状态。生活,永远真实而丰富多彩地存在着。"没什么可写",多半是因为心灵枯竭,缺乏感受生活的能力。眼、耳、口、鼻、手是感知生活的五种工具,中学作文教学应着力于学生"感知能力"的训练,从而提高学生感知生活、记录生活、欣赏生活、感悟生活、认知自我、点燃生命的能力与志趣。

写作是用来安放灵魂的。作文是"言"的世界,"人"的世界,"心"的世界,"情"的世界,是一个丰富的精神家园。"积累策略""回笼策略""助力策略""共情策略"是训练学生写作能力的有效途径,随时随地写、单一定向写、各尽其能写、好玩有趣写、交流同理写,能让学生不怕作文、爱写作文、乐写作文;通过写作,解决成长中的困惑,享受交流的乐趣,体悟生命的精彩。

一、理论训练

(一)呈现实物,请学生感知

课型:实物直观课

呈现实物:树叶、橘子、花生、瓜子、矿泉水瓶……

(二)前测

自由感知实物,5分钟写作,统计所写的字数,标注所写实物的特点。

1. 指导语:全面、细致、准确地感知,然后把感知到的东西全部写出来,越细致越全面越好。

2. 点评:找出感知的不足——不全面、不准确、不细致、没有动用全部感知器官。

教师示范感知:

(1) 先介绍感知要领,即"理论训练"。

(2) 再进行示范感知,描述感知结果。

(3) 全方位调动感官感知事物。

(4) 调动感官全方位感知事物。

(5) 换时、换位、换情感知。

二、操作训练

(一)演示例文

1. 学生默读"演示例文"。

2. 参考"感知提纲"介绍作者的感知内容。

(二)教科书例文

1. 自由选择一篇课文,全方位感知物,换时、换位、换情感知物。

2. 指出课文中的感知线索。

三、成型训练

1. 学生随堂写作,教师随堂指导并点评。
2. 只写片段,不要求结构完整和主题突出。

四、《感知树叶》教学设计

《义务教育语文课程标准(2022年版)》提到"写作要有真情实感,表达自己对自然、社会、人生的感受、体验和思考,力求有创意。"[①]叶圣陶先生说:"写作绝不是无中生有,因此在作文教学中首先要要求学生说老实话,绝不容许口是心非,弄虚作假。"

(一)前测

给学生分发树叶,让学生认真、全面地感知,然后把感知到的东西全部写出来。

感知:2分钟

写作:5分钟

(二)交流评价

1. 学生小组交流,随机抽取3篇在班上交流。
2. 评价:教师提示——从哪些方面来写,写出了树叶的什么特点。
3. 学生自评,教师点评。

(三)理论训练

教师指导:全方位调动感觉器官感知事物。

视觉——颜色、形状、大小、构造、特点、功能……

听觉——声音(远音、近音)、声息。

味觉——酸、甜、苦、辣、咸、淡……

---

① 中华人民共和国教育部:《义务教育语文课程标准(2022版)》,北京师范大学出版社,2022年,第15页。

嗅觉——气味、气息。

触觉——软硬、冷热、质地、干湿……

(四) 后测

学生再次感知树叶(2分钟),写作(5分钟)。

(五) 交流评价

交流:交流前测中抽取出来的3位作者的再创作作品,进行对比。

评价:学生自评,作者自评,教师点评。

参考文献

[1] 徐燕清.迈出一小步 收获一大步:浅谈情境学习初步运用于语文课堂[J].新作文:教研,2019.

[2] 中华人民共和国教育部.义务教育语文课程标准(2022年版)[M].北京:北京师范大学出版社,2022.

[3] 叶圣陶,刘国正.叶圣陶教育文集[M].北京:人民教育出版社,1994.

【作者简介】

周枫琳,河南师范大学附属中学语文教师,正高级教师,特级教师。

创意解读，辨史明理

——《项羽本纪》阅读活动设计及反思

张书群

如何引领学生在读懂国学经典的基础上真正地感悟历史，这是语文教学中的一个重难点。而对于即将步入高三的学生来说，其阅读文言文的基础功底虽然有所提升，但是随着课业负担的加重以及考试频率的增加，他们阅读课外作品的时间不能得到充分保障，而且他们阅读课外作品的主观意愿也会有所下降。

在这种情况下，我们就要想方设法在有限的阅读活动中，充分调动学生阅读的积极性，寓教于乐，寓思于读，使学生在相对轻松和谐的阅读氛围中，读史明理，实现真正意义上的成长。为此，我们采取文本重构与即时演讲相结合的方法，既充分利用学生的零碎时间，又有效地提升学生对于课外文学作品阅读的兴趣。

活动安排：

1. 第一周：熟读教材内选编作品《项羽之死》《鸿门宴》。
2. 第二周：精读《项羽本纪》，梳理主要事件，简短概括对于项羽的认知。
3. 第三周：观看《百家讲坛》中王立群、易中天等人对于项羽的评价。
4. 第四周：高三开学进行演讲，演讲人由学科小组自主推荐。

一、教学目标

1. 运用重新建构文本的方式，让学生与历史对话，与人物对话，从而真正走近历史人物，认识历史发展的客观规律。

2. 客观认识传主的悲剧成因,从而完善自我人格,进而培养学生正确的人生观、价值观以及自信的态度和勇气。

3. 让学生在自主、合作、探究的学习过程中获取知识,锻炼自身能力,养成团队协作的习惯。

二、教学重点

1. 了解项羽一生的主要经历,体会其性格特点对命运的影响。
2. 了解历史发展的客观规律,进而形成自己对历史的客观认识和评价。
3. 引导学生用自己的眼光去看待社会和人生,有自己正确的见解和立场。

三、教学方法

情景模拟法、分组讨论法。

四、教学过程

(一) 导入

同学们,我们在阅读《项羽本纪》的时候,不止一次地为项羽的个人魅力所倾倒,这是一个少年时便心怀大志,战场上又骁勇善战,生活中有情有义的英雄。古往今来,无数人为其悲剧命运扼腕而叹,项羽自己也认为自己之所以被刘邦击败乃是命运使然,"此天亡我,非战之罪也"。事实果真如此吗?今天就让我们穿越时空,重回楚汉争霸时期,再给项羽一个机会,看看历史的走向是否会发生变化,英雄的结局是否会有所改变。

明确:重构文本不能脱离历史,而是要在尊重客观规律的基础上依据人物原有的性格特点去进行架构。

(二) 梳理情节,重构文本

1. 归纳事件,感知性格

明确:始皇巡游可见其心怀大志,巨鹿之战中可知其勇猛善战;垓下之围可见其儿女情长,与部下同甘苦,可见其义重如山;坑降卒、杀子婴、焚秦宫、杀义帝,可见其残暴凶狠、好杀成性;鸿门宴一事可见其刚愎自用、优柔寡断;官印迟迟不分给功臣可见其吝啬小气、目光短浅。

2. 讨论交流,明确建构方向

明确:文本重构并非盲目重构,而是要选取那些对历史发展有重大影响的事件进行建构,并且要在尊重人物性格的基础上进行重构。就项羽而言,他的一生中对历史发展有重大影响的事件有城阳屠城、坑杀降卒、诛杀宋义、鸿门宴会、垓下之围、乌江自刎等。

(三)严谨构思,小组评选

1. 在独立构思的基础上,小组成员讨论交流,评选出较有新意的重构文本的方式。
2. 小组合作,共同探究,进一步完善架构内容。
3. 演讲时间不超过三分钟。

(四)讨论交流,明史辩理

1. 学生发言

一组成员:李楚凡——《鸿门风云》

话说鸿门宴当天,乌云密布,狂风肆虐,沛公前往鸿门赴宴。此一去如他所料,范增献计,项庄舞剑,一剑封喉,沛公命丧当场,再难实现自己称霸天下的雄心。而项王,凭借他的武力,在彭城自立为帝,分封天下,"把自己的功臣封在好地方,把以前的诸侯王封在不好的地方"。天下很多诸侯觉得不公平,百姓也不愿服从项王。项王知道后大怒,下令有不从王命者,就地活埋,并坑杀了十余万百姓。天下又陷入了与"秦"相似的境地:百姓不堪重负,生灵涂炭,苦不堪言。当此时,沛公帐下的谋士萧何、张良等将他的儿子刘盈奉为大王,而刘盈为报杀父之仇与项王不共戴天,趁着诸侯不服项羽,联合齐国、赵国等各大诸侯国起兵伐楚。起义军将刘盈奉为大王,而刘盈继承父亲的基业,在诸多谋士的辅佐下一天天壮大。最后,刘盈征集百万大军将项羽围于彭城。被围困数月的彭城粮草殆尽,人心惶惶。一天晚上,失意的项王拉着虞姬的手踱步走上城楼的最高处,乌云密布,狂风呼啸。项王凝望着城楼下如云的战阵,知道自己命不久矣,又回首看了一眼虞姬,无奈地低下头叹了口气,"力拔山兮"的"西楚霸王"流下了眼泪。虞姬用手抚着项王的脸,用拇指轻轻拭去他眼角的泪,与项王彼此会心一笑,两个人一齐从城楼上跳了下去。随后,刘盈率大军攻破彭城，一统天下，并以彭城为国都建立汉朝自称汉高祖。从此，天下太平。由此可见，项羽即使在鸿门宴中杀了刘邦，但其生性之鲁莽、残暴不改，终将失掉民心，失掉天下。沛公虽亡，天下大势不改。

二组成员：杨昊——《卷土重来，亦难逃败局》

项羽渡乌江，到达江东，但却更加刚愎自用，江东百姓也逐渐对项羽失去了信心。一天，项羽与汉王私下相约在乌江边岸，项羽单枪匹马与汉王相遇，项羽怒目而视，汉王深知以武力杀掉项羽是最好的方法，如果让项羽屈于自己膝下，项羽今后也不会安定。汉王之前也得到一些关于江东的消息，转过身问项羽："你在江东，现在怎么样了？"项羽回答："自是很好，不用操心。"汉王脑海里一直回荡着张良对自己的嘱咐，这是杀项羽的最好机会，于是把手高举过头，往下猛地一甩，士兵们从三面一拥而上。项羽高举长枪："即使死在这里，也要杀你个片甲不留。"项羽先杀了跑在最前面的两个汉将，接着又杀了数百个向自己冲来的士兵，项羽高站在死人山上，仰天大笑，此时的项羽已身受数十枪，但依然站立如松。汉王拿起箭，朝项羽射去，项羽一手抓住，大叫"来啊！老子从不畏惧"，汉王下达命令，弓箭密如雨一样射向项羽，项羽从死人山上倒下，落入乌江，项羽的血染红了半条江。

三组成员：李亚姣——《东渡乌江，众叛亲离》

项王军壁垓下，四面楚歌之际，虞姬自愿身死，项王及百余随从突围而出。或许是慌不择路，或迷路，见到老翁，未给曰"右"，此时跟随他的人还有百余人。汉军追及至老翁处，老翁如实回答项羽的去处。乌江亭上，项羽的随从都劝诫项羽让他坐上这唯一的船返回江东，期望他日东山再起。等上千名军士到达时，看到他们的举动，不顾项羽相貌多么出众，气势多么强盛，急忙道："今日你们谁也走不掉。"重赏之下必有勇夫。项羽副将见汉军及至，与手下打了个眼色。从后将项羽打晕，放到船上，乌江亭长划船而离。副将及手下看着船的飘离，大呼："今日固死，然救主上一人，留待他日，将军东起，为我们报仇。"说着拿起武器向赶上来的汉军冲去。小船浮在水上，犹如水中一叶。此时，项羽已醒。看着渐渐为自己逝去的将领，心中悲戚不已，一滴晶莹似落不落。男儿有泪不轻弹，只是未到伤心处。忽听身后发出声响，还未回头，便见一柄短刃，出现在自己胸膛，惊讶回头，只见乌江亭长手握兵柄，脸上浮现着疯狂之色。"为何？""怪只怪你向北伐齐之时杀戮太重，攻下城池不善待又去屠城，里面有我的一家老小，你说，我不恨你吗？我知你会过乌江，便早早在此等候。""原来这样，此乃天亡我也。"身子便轰然倒下。"天命，人事，成事在人，谋事在天，怪只怪你的狂妄。"亭长暗暗道。岸上，百余随从已死伤过半，汉军见船渐远，连忙命人搭弓射箭，船上无遮藏之处，亭长被射，坠江死去，汉军带项羽尸首回去领赏。一世之雄,却得如此下场,这难道不是由人事所决定的吗?

2. 师生探讨

师:同学们,经过对文本的重新架构,我们发现了一个问题:即便时光可以倒流、历史可以重写,一代霸王项羽也依然无法改变他身死人手的悲剧命运。那同学们能不能说一下,究竟是什么导致了这一命运的悲剧?

生:是性格使然,他的鲁莽残暴决定了他缺乏宽厚之心,不会体恤百姓,甚至不能款待下士,在这种情况下他终究会众叛亲离,失掉人心。

生:还有他的刚愎自用、自以为是,在少年时读书学兵法就有这种毛病,这也为他屈杀宋义、不尊范增埋下了伏笔。

师:你们的意思是说,项羽后来所做的很多事情,在他人生的早期已经呈现出了相关的苗头?

生:对,受到早年所形成的性格的影响。

师:那我们可以从其悲剧之中汲取一些什么有益的启示?

生:在青少年时期要养成健全的人格和良好的行为习惯,如果存在性格缺陷,比如狭隘、自私、妒忌、自以为是、盲信盲从等,要有意识地及时矫正,不然很有可能会影响以后的人生发展。

师:同学们说得很好,性格上的缺陷是造成项羽悲剧命运的主观原因,这种性格上的缺陷导致了客观的失败,那同学们能不能再思考一下,失败的原因究竟是如项羽所说的天命使然还是战事失利,或者是其他的原因?

生:直接原因是战争,项羽战败了。

师:为什么作战失败,项羽不是战无不克、攻无不胜的吗?

生:战争不是凭借一人之力可以扭转局势的,更不是逞个人英雄主义的地方,失掉了人心,失掉了跟随的人,仅凭一个人,再厉害也没有用。

师:也就是说,在历史发展的过程中,真正决定历史走向的是哪些人啊?

生:天下的百姓。

师:对,得民心者得天下!这就是历史发展的规律。共产党之所以得天下,根本原因也是在于其真正为大众谋福利,所以才能够顺民意,得民心!

(五) 教师小结

通过这一节课的探讨交流,我们对项羽这一历史英雄人物有了更为深刻的认知,同时也透过项羽这一人物,对历史发展规律有了比较客观全面的认知。我们应该意识到几个问题:其一,历史的发展有其基本的规律,不以个人意志为转移,我们应当尊重这种规律,尊重规律就是尊重民意;其二,健全良好的性格对于个人的发展有着重要的影响,我们要从青少年时期加强自身的修为,为人生的发展打下良好的根基。

(六)课外拓展

借鉴课堂历史人物的品鉴方式,选择《史记》中另外一位典型人物,进一步完善思路,准备参加课前三分钟的即时演讲,要求主题不变,全员参与。

(七)板书设计

创意解读,辨史明理。
尊重历史客观规律。
尊重人物原有性格特点。
用词准确,表达流利。

五、设计反思

读书是语文学科的基础。"在相当长的语文教学中,教师热衷于讲授,学生耽于讲题,家长看重升学,而自主选择读书、读整本书的学习活动则被以'课时不够''不好控制'为由,摒除在语文教学之外。但是,训练阅读概括能力,丰富想象和联想,提升思维品质和鉴赏能力,形成适合自己的读书方法,养成良好的阅读习惯,正是在阅读整本书的体验中逐步建构和完善的。"这是《普通高中语文课程标准解读》中非常醒目的一段话,它明确了整本书阅读在高中语文教学中的重要地位。新课标背景下,"整本阅读任务群"引起了大家的关注和讨论,我们处在新旧交替的过渡期,如何运用已有的素材引导学生在新形势下更好地发展,这是我们每位语文教师必须进行的"必修课"。

机缘巧合下,在大家关注如何寻找《乡土中国》和《红楼梦》的整本书阅读突破口时,必修一《鸿门宴》的文本教学中,学生们对有限的文本进行了多角度的解读,给了我很大的感动和启发。学生们利用自主学习的机会,针对"胜者为王败者为寇"发表个人看法,对《鸿门宴》进行了多元解读,让人眼前一亮。

参考文献

[1] 高文盛.勿以成败论英雄:《史记·项羽本纪》中的项羽形象分析[J].西北农林科技大学学报(社会科学版),2006.

[2] 苏兴,苏铁戈.读《史记·项羽本纪》三题[J].史学集刊,2000.

[3] 吴宏岐.《史记·项羽本纪》"背关怀楚"新解[J].中国史研究,2001.

[4] 李锰,邹兆峰.项羽:鸿门宴上的看客——《鸿门宴》叙事手法分析[J].中学语文教学参考,2011.

[5] 余虹,刘玲玲.《鸿门宴》综述:横向整合,以读促写[J].中学语文教学,2015.

【作者简介】

张书群,汝阳县第一高级中学正高级教师、中原名师工作室主持人。

跨学科视域下的教学实践与融合
——以《梦回繁华》为例

刘柏含

一、走近跨学科

跨学科思维是指通过将不同学科领域的知识和思维方法相互结合、融合,来探究解决问题的一种方法。它强调不同学科之间相互联系和互补,可以促进学习与创新。传统的分科教学不仅缺乏思维上的融会贯通,而且割裂相关学科之间应有的横向联系,较难实现知识的迁移与运用。

当今社会问题日益复杂,知识应用逐渐综合,面对这种现状,PISA2018新增了重在考察学生的全球性、跨界性、批判性思维测试项目——"全球胜任力",美国《共同核心州立标准》也提出跨学科读写教学的要求。我国同样顺应潮流,适时变革,设立了初中科学、历史与社会等综合性的跨学科课程。初中语文课标提出"要注重跨学科的学习,使学生在不同内容和方法的相互交叉、渗透和整合中开阔视野",为语文跨学科教学提供了理论依据。然而,目前的语文跨学科教学多以综合性学习作为跨学科整合路径,在具体阅读教学中的实践较少。本文从《梦回繁华》入手,探索该课跨学科教学的适配度。

二、远望——寻找联结点

《梦回繁华》位于人教版语文教材八年级上册第五单元,该单元教学要求学生了解文章中说明事物的逻辑,体会说明文语言严谨、准确的特点,提升思辨性阅读和表达能力。教师要注意在教学过程中寻找单元课文联系,以整体单元与学科认知促进学生核心素养的达成。

同时,教师要注意以跨学科思维引导学生从不同学科之间寻找内在联系。《梦回繁华》的说明对象是国宝级画作——《清明上河图》,其原载于《中外绘画名作八十讲》。作者毛宁采用专业性与通俗性结合的语言描述《清明上河图》,生动形象,引人入胜,从画作的社会背景、创作动机,到画作内容、艺术特点都进行了详细说明。《清明上河图》是宋代艺术的典型,课文中涉及的画作社会背景与创作动机,正与初中历史七年级下册第二单元"辽宋夏金元时期:民族关系发展和社会变化"有交叠的部分,具体的学科交叉部分在第八课《金与南宋的对峙》、第九课《宋代经济的发展》和第十二课《宋元时期的都市和文化》。学生在七年级下学期学习的历史知识,能够成为八年级语文学习的知识储备。对于教师而言,整合不同学科的知识并不困难,困难的是引导学生寻找不同学科知识间的联结点,并建构起不同学科间的意义联结。基于此,教师需提前确立教学切入点,联结跨学科教学资源,让学生在学习中充分体会到不同学科间知识的横向迁移。

(一) 背景联结点

《梦回繁华》第一自然段介绍了《清明上河图》创作的社会背景,"北宋时期,商业、手工业迅速发展……城市的文化生活也十分活跃"。看到"打破市和坊的界限"这一句话,八年级的学生们会想起自己在七年级历史课堂中学习的场景。在学生自主阅读《梦回繁华》前,教师可以引导学生调动历史知识,共同回忆"太平日久,人物繁阜。"的北宋。那时候市、坊界限被打破,商品经济发展催生了世界上最早的纸币——交子,市民阶层兴起,人民文化生活日益丰富,放眼望去勾栏瓦子里尽是说书、唱曲、耍杂技、演杂剧之人。正因为这些原因,文化艺术不再是贵族阶层的特权,绘画题材也向市民阶层拓展。师生一起站在宏观历史背景下,幻想自己置身于那如诗如梦、灯火阑珊的汴梁城。

(二) 情感联结点

《清明上河图》之所以流传千古,不仅在于它绘画的精美和逼真,画家在背后的独特情感也是重要原因。课文第二自然段如是介绍:《清明上河图》可能作于政和至宣和年间(1111—1125)……这幅图卷必有其特殊的意义,正是他们回首故土、梦回繁华的写照。历史教材在第八课《金与南宋的对峙》课前导语中引用豪放派词人、主战派将领辛弃疾的"醉里挑灯看剑,梦回吹角连营……"作为学习导入。在语文课堂中,教师可借鉴历史教材的设置,在学生阅读完第一自然段后用《破阵子》作为过渡,和学生一起从完颜阿骨打带领女真族崛起开始回忆,到宋金议和并以"莫须有"之罪杀害岳飞,最终偏安江南的史实。师生设想北宋遗民们的屈辱与不甘,他们看到《清明上河图》会是什么心情?也许他们会想起昔日在大相国寺的欢声笑语,他们坚信杭州永远做不了汴州。但西湖的歌舞几时才能休呢?回首怅然,也许这正是课文标题"梦回繁华"背后的深意吧。

《梦回繁华》课文后的阅读提示"有学者认为这幅画有揭示社会问题、劝谏宋徽宗之意,表现了画家对国家命运的担忧",提高了本课的跨学科教学适配度,引导师生思考北宋的衰亡。历史第二单元从北宋结束五代十国的分裂局面讲起,重点涉及赵匡胤杯酒释兵权,北宋重文轻武的政策,以及该政策的弊端。这些历史基础都有助于学生思考张择端创作的深意,实现知识迁移。教师在课下可为学生提供《〈清明上河图〉的故事》等相关文章作为延伸。

三、回首——不忘语文性

语文性意味着语文跨学科教学应以语文学科为依托,充分利用语文学科与其他学科之间的共通性并实现各自的优势互补。有了前一部分的历史回顾,学生就更能走近《清明上河图》,领略画作恢宏场面,欣赏非凡的艺术价值。但教师在跨学科教学的同时,也不应该忘记主学科的重要任务——说明文的教学,以及本课的"自读"课文的特点。

自读课文,重在运用、强化教读课文中获得的经验,通过自主阅读形成阅读能力。学生在本单元前三课已经学习过说明文的说明顺序、说明方法等基础知识,因此,教师就更应该树立单元整体安排的意识,让学生在教读课文与自读课文之间建立直接联系,完成教读的迁移化学习。课文后的阅读提示"梳理各部分的主要内容,看看作者是按怎样的顺序来说明的。阅读时还要注意作者的遣词造句",间接帮助教师确立教学重点。

梳理文章结构,明确说明顺序。据前三篇说明文的学习经验,学生在自主阅读本课后三自然段,即《清明上河图》主体部分后很容易确定说明顺序——空间顺序。语文教材上的插图是《清明上河图》的局部,教师可利用《清明上河图》全画,结合课文,按照开卷处、画面中段、画面后段逐一展示,深化学生认识课文的空间说明顺序。除了课文主体部分的说明顺序,教师也应当关注全文的背景—内容—价值逻辑顺序,提示学生从整体把握文章,增强思维的条理性与严密性。

精读关键语段,把握说明方法。对比阅读是让学生完成教读迁移化的好方法。《梦回繁华》与本单元前三篇课文所用的说明方法有所不同,本课更多使用摹状貌的说明方法。教师通过对比,让学生将本课与教读说明文建立联系,使学生理解说明文语言准确的关键——用适合的说明方法说明特定的对象。

感受语言特点,品味短语之妙。本文课下注释多达二十五个,其中大部分是对中国画专业术语的解释,极大增强了课文的专业度,但文中也不乏通俗语言的运用,所以并不妨碍学生的阅读。全文语言平实准确,不乏典雅优美,尤其是在描写画面主体部分的第四自然段,接连使用了许多四字词语,如"疏林薄雾""农舍田畴""春寒料峭""握篙盘索""呼应相接""挥臂助阵""摩肩接踵""络绎不绝"等,不仅概括力强,而且与说明对象特点相契合。教师带领学生赏析文中四字词语,感受本文独特的语言之美。

语文是最基础和最综合的学科,我国古代就有"文、史、哲"不分家的综合性教育体系。为了实现语文跨学科融合,首先需要探索各学科之间的交叉点和有机结合的方式,精选跨学科的教学材料,语文教师要准确把握非本学科的知识,避免对学生产生误导。这对于每一位语文教师来说都是具有挑战性的。同时我们也要明确,跨学科教学需要打破学科各自为营的现状,各科要互为依托,通力合作,最终实现"在语文中教学科"与"在学科中教语文"。

参考文献

[1] 温小军.语文跨学科综合性教学:高中育人方式变革的学科路径探寻[J].教育科学研究,2021.

[2] 吴刚平,庄燕泽.中美语文课程跨学科整合设计比较研究[J].全球教育展望,2020.

[3] 乔桂英,李澄宇.自读课文教学目标的设定现状与对策研究[J].教学与管理,2020.

[4] 陈烈燕.跨学科教学要兼顾的几个关键点:以教学《三峡》为例谈[J].语文教学通讯,2019.

【作者简介】

刘柏含,洛阳市第十五高级中学语文教师。

初中语文整本书阅读教学指导
——以《骆驼祥子》为例

李　旭

阅读与写作是学习语文的终极目标,而语文教学中的"整本书"阅读则是语言教学中的一种重要方式,这一问题已引起了教育界的普遍关注。通读全书的目的就是要通过阅读来提升自己的语言能力,目前被选入统编语文课本的整部作品都是中国文学历史上的名著,它们既可以陶冶学生的心性,又可以训练他们的思维和感知能力,同时还可以对他们的生活进行启发和教育。

一、整本书阅读思想

1941年,叶圣陶在《论中学国文课程标准的修订》中针对"读整本的书"提出:"把整本书作主体,把单篇短章作辅佐。"①这是他第一次明确提出要读整本书。1949年,《中学语文科课程标准》做了这样的表述:中学语文教材除单篇的文字外,兼采书本的一章一节,高中阶段兼采现代语的整本的书。

《义务教育语文课程标准(2022年版)》在学习任务群部分表述:"整本书阅读旨在引导学生在语文实践活动中,根据阅读目的和兴趣选择合适的图书,制订阅读计划,综合运

---

① 李怀源:《由叶圣陶"读整本书"思想谈小学整本书阅读》,《小学语文教学》,2013年第3期,第25-26页。

用多种方法阅读整本书。"①同时,《普通高中语文课程标准(2017年版)》也对"整本书阅读"提出了要求。本文以《骆驼祥子》为例,探讨整本书阅读教学指导。

二、整本书阅读教学指导

(一)设计背景导读,激发阅读兴趣

《骆驼祥子》是老舍于1936年创作的一部小说,故事发生在20世纪20年代的北平。时间是一个重要的背景线索,可以帮助读者更好地了解这本书,并在此基础上激发读者的阅读兴趣。祥子怎么会落到乱军的手里?他是怎么在战斗中活下来的?祥子勤劳朴实,省吃俭用,他怎么就没能过上衣食无忧的日子呢?所有的秘密,都来自那个"年代"。

在引导学生理解时代背景的同时,要适时插入作者简介、文章特点等内容。老舍坚持用写实的笔法,把中国人民的生活写得真切。通过对背景信息进行设计,可以让学生更快地对作品产生更深层次的理解,同时还可以将特定时期与作者创作特征的介绍巧妙地结合起来,让学生可以对作品的主旨有一个初步的认识。

(二)分析人物形象,感悟悲剧意义

《骆驼祥子》没有塑造太多的角色,但其中的重要角色却在某种程度上起到了推波助澜的作用。小说的语言是朴素的,但在对角色的刻画上,有很多对外表的描写,身体的动作,内心的独白等,都使读者很容易进入角色。小说中的主人公多为社会下层人士,其中一些具有代表性的下层人士,及其在社会上的奋斗和失败,反映了小说对人性和社会的深刻思考。教师要指导学生对在斗争中所反映出来的人物性格和情感进行分析,从而感受到作者的态度和思想,从而了解作品的悲剧色彩。

学生能从作者的描述中看到一个诚实善良、积极向上的祥子,然而祥子最终仍以悲剧结尾,除了黑暗社会的造就外,这也跟祥子自身的性格有关。他孤僻、执拗、不合群。祥子身上表现出来的故步自封的思想正是20世纪二三十年代保守落后的农民精神的写照。老舍笔下的小福子人美心善、勤快能干。她被迫出卖自己以求活下去,这是她个人的悲

---

① 中华人民共和国教育部:《义务教育语文课程标准(2022年版)》,北京师范大学出版社,2022年,第66页。

哀,也是整个社会的悲哀。虽然她是个娼妓,可是祥子还是喜欢她,因为他们两个人的身世,同样的处境,同样的生命,同样的灵魂,同样的心。从这部作品中,我们可以看到他对于下层阶级的同情心,也可以看到他对那个时代的批判和反省。

(三)跟随事件线索,追寻情感变化

《骆驼祥子》写的是一个农民少年进城后,靠拉车为生,希望能实现自己的理想,但是在旧社会里,他受到了剥削、压迫。他能吃苦耐劳,唯一的梦想就是赚钱买一辆自己的车,却一次次地被这座混乱的城市所吞没,最后沦为了街头混混。

作品最突出的事件线索就是祥子买车的"三起三落",每一次的"落"都是祥子性格变恶的"助力器"。起初的祥子,不顾身体拼命挣钱,将就填饱肚子努力攒钱,却仍会给落魄的老马爷孙俩买包子吃;在曹先生为了躲藏需要祥子向家人通风报信时,他信守承诺帮助曹先生一家,即使只有他一人在曹家,也没有动曹家一草一木。然而三次希望,三次破灭,如此朴实的青年最后却处处撒谎,在马路上横冲直撞,拉车中故意将乘客摔倒,甚至为了钱出卖他人,做了许多报复社会、人性扭曲的事。祥子所做的事情,前后矛盾之大,究其缘由,"三起三落",是同学们要着重整理和了解的。这一事件经过曲折,最后以悲剧收场,反映了作品的思想感情。

(四)深入挖掘情感,多怀悲悯之心

小说通过祥子"三起三落"的悲剧,表现了下层市民在20世纪20年代的中国的苦难生活,无情地批判了把好人逼近堕落深渊的黑暗社会,同时引发读者对当时病态城市以及人性扭曲的反思。在万恶的旧社会,真诚、勤奋、热情都改变不了一个人的悲剧人生。祥子多次对这个社会产生不公平的呐喊,自己明明就想靠双手过上好日子,不偷不抢、不骗不诈,为何就这么难?通过人物形象分析、线索提炼等,学生不仅了解了当时底层市民在军阀混战的社会中的苦难生活,更看到了底层市民在与城市斗争中产生的人性变异,体会到老舍悲天悯人的思想。

在整本书阅读的过程中,教师要多给学生提供课堂时间进行整本书阅读,并且运用多种教学手段,如小组讨论、情景模拟等,使学生更快走入文本,更深刻地理解作品内涵。在整本阅读的重要性越来越明显的今天,无论是老师还是学生,都已经在思想上开始逐渐地重视这一点。接下来便要在阅读方法上苦下功夫,提高学生阅读能力,从而提高语言文字的运用水平。

参考文献

[1] 老舍.老舍文集[M].北京:人民文学出版社,1995.

[2] 钱理群,温儒敏,吴福辉.中国现代文学三十年(修订本)[M].北京:北京大学出版社,2004.

[3] 叶圣陶.叶圣陶语文教育论集[M].北京:教育科学研究院出版社,2015.

[4] 老舍.骆驼祥子[M].北京:团结出版社,2018.

[5] 陈翠玲.从人物性格与环境解析《骆驼祥子》的悲剧意蕴[J].文学评论,2017.

[6] 耿红卫,赵琪.统整与架构:初中语文整本书阅读教学实施路径——以《骆驼祥子》为例[J].中学语文教学,2024(04).

[7] 吕龙.初中语文整本书阅读教学策略探究——以《骆驼祥子》为例[J].语文建设,2023.

【作者简介】

李旭,无锡市和畅实验小学语文教师。

打造文言文教学高效课堂

——以《岳阳楼记》为例

靳亚明

　　文言文是中华文化的瑰宝,文言文教学在初中语文教学中占据着十分重要的地位。《义务教育语文课程标准(2022年版)》明确提出"通过文言文阅读,梳理文言词语在不同上下文中的词义和用法,把握古今汉语词义的异同,既能沟通古今词义的发展关系,又要避免用现代意义理解古义,做到对中华优秀传统文化作品的准确理解的学习目标"[①]。可见,文言文教学不是"生吞活剥式"的死记硬背,而是学生阅读能力的提高。要想教好文言文,必须以学生为本,多策并举,真正实现文言文高效课堂。

一、全面备课,了解学情

　　教师只有备好课,做到有备无患,才能为提高课堂效率提供保障。在文言文教学中,教师备课时应在三方面下足功夫。

　　一是备好学生。在课堂教学中,教师不能像演员一样,而学生也不是教师的观众。教师应该扮演导演的角色统筹整个课堂教学,这就是我们常说的教师为主导,学生为主体的教学模式。教师应该通过浓缩课堂学习的精华给学生以主导性的点拨,提高学生的学习效率,让学生成为课堂的真正主人。但导演不能代替学生演戏,这就要求教师必须了解学

---

　　① 中华人民共和国教育部:《义务教育语文课程标准(2022年版)》,北京师范大学出版社,2022年,第14-15页。

生,掌握每一名学生的性格特点、能力水平、情感智慧。这样,才能因材施教,让他们领悟知识、发展能力。

二是备好教材。因为文言文距离当今时代较远,备好教材对文言文教学显得更为重要,课前教师必须从熟读课文、读准字音做起,进而能熟练掌握每个字词的含义,并能准确翻译每个句子的意思,对文章做到滚瓜烂熟。

三是备好作者。阅读的过程就是读者、文本、作者产生共鸣的过程,文言文的教学就是要让学生通过课文去分析理解作者的内心世界。如在教学范仲淹的《岳阳楼记》时,教师备课时就要充分了解作者,包括弄清作者为何要写这篇文章,滕子京和作者的关系怎样,他们当时的处境心情怎样,范仲淹要借助这篇文章抒发怎样的思想情怀等。教师只有掌握这些背后的知识,才能更好地引导学生进入文章所营造的情境,让其真正理解文本。

二、激情朗读,营造意境

朗读对文言文教学尤为重要,古人有"书读百遍,其义自见""熟读唐诗三百首,不会作诗也会吟"之说,可见朗读有助于理解、积累和运用语言。

反复朗读,培养语感。掌握文言的常用词语和句式,不是让学生背课下注释、语法等,而是要通过反复诵读文章,培养学生文言文的语感。

加强指导,读出语境。在朗读指导中,教师应做到因材施教,根据学生的不同特点进行指导。教师尽量不要提"请你有感情地朗读这段话"等抽象的要求,而是要给予具体的指导。例如,可以从某段话的朗读练起,指导学生哪个词应该重读,哪个词应该轻读,哪个句子应该读出惊喜的感情,哪个句子又应该读出悲愤的感情,这样读的理由是什么?学生在教师的指导下反复训练,能够掌握朗读技巧,读出文言意味。

丰富形式,激发潜能。学生的潜能是可以通过形式多样的朗读激发出来的,对此,我们可以采用不同的朗读方法来实施教学。一是教师范读。范读是朗读指导最有效的方法,教学中学生读不到位时教师可以范读。教师正确、流利、有感情地朗读,能生动地表达课文内容,于潜移默化中传授朗读技巧。例如,在配乐《渔舟唱晚》下示范朗读《岳阳楼记》时,教师饱满的精神、飞扬的激情、铿锵的语调能起到震撼人心的效果。二是学生自读。指定个别学生朗读不仅能训练学生的胆量,还能及时发现学生朗读的优点及不足。三是分组朗读。分组朗读也是文言文教学中常用的朗读方法,这种方法能激发学生的斗志,让其全身心投入朗读中,进而能进入情境,深入文本。

三、"文""言"并举,领会文本

课堂上,教师要引导学生做到目中有"文"、口中有"言"、心中有"文"。学生通过整体感知对文本产生整体印象,对其进行把握,才可能对文本形成阅读好感,从而产生探究愿望。与此同时,要注意口中有"言",在教学时,教师要倡导学生讲,增加学生读与讲的体验,自主习得文言的语感。尽可能让学生结合课下注释,逐字逐句地讲,"连猜带蒙"地讲,尝试"自圆其说",直到讲通为止。这比起由教师主讲翻译效果更好;对于文言词句意思的理解,要服从于文本阅读教学,教师要想方设法引导学生进入文言阅读情境,借助联系比较引导学生积累文言词汇、掌握文言句法,通过设问质疑引导学生自己去发现、顿悟,进而真正理解文本内容,领会文本内涵,把握文本特点[①]。

以《岳阳楼记》的教学为例,假如其课堂教学流程固定为"字词解释—逐句翻译—课文理解"这几个步骤,也能完成教学任务,但不如采用"文""言"合一的方式实施教学更具创新性、趣味性。我们可以先请学生初步感知文本内容,把握文章结构与线索。接着设计系列问题,引导学生寻找答案。在学生回答问题的同时,要求学生朗读相关内容,并随机讲讲重点字词、句子的意思,教师则及时点拨、补充讲解。这样,"文""言"结合展开阅读,有助于学生更好地理解文本内容,并掌握文言字词。"文""言"合一,才能让学生更有效地自学、自悟,整体感受文言之美和文本之美。

四、巧妙点拨,画龙点睛

文言文无论是语言还是作者所写的内容,都离现在的学生比较遥远,学生用自身的积累与经历很难感知,因而教师在教学过程中进行适当点拨与讲解是必不可少的。教师应充分掌握文言文教学中点拨法的总体策略,引导学生自读先导,教师再进行点拨提高。语文教师要充分运用课堂教学智慧,精心进行教学设计,从而提高学生的审美情趣、文言学习能力。如教学《岳阳楼记》要让学生理解范仲淹"先天下之忧而忧,后天下之乐而乐"的内涵,教师就必须点出滕子京当时被贬的现状,以及范仲淹本人当时的心境。在教学过程中,可抓住"感极而悲"等关键词语,恰当讲解与点拨,让学生豁然开朗,进而深刻领会文章

---

① 金复耕:《文言文教学要抓好三个平衡点》,《语文教学与研究》,2014年第14期,第66-67页。

想表达的内涵。

我们知道,任何一篇文章都有它要阐述的观点、表达的思想、抒发的情感,这是文章的灵魂所在,文言文当然也不例外。在教学文言文时,我们不能把大量的时间花在对每一个字、每一个句的翻译上,而忽视了对整篇文章的把握。如果说一个字句是一棵树的话,那一篇文言文就是一片森林。文言文的教学就是要教师领着学生登高望远,去观察、理解、分析整片森林的分布、情势、价值等。例如,以《岳阳楼记》来说,在这篇文章中教师不仅仅要教会学生掌握几个字句的意思,而应该让学生透过语言文字体会到范仲淹对"览物之情"有异的两种思想的否定,从而引导出对古仁人"不以物喜,不以己悲"的情怀的赞许,再进一步阐明自己"先天下之忧而忧,后天下之乐而乐"的远大抱负。文章最后说"微斯人,吾谁与归",再次表明他向古仁人学习的决心,同时也是委婉规劝滕子京,虽身处逆境、遭贬谪,但要不计得失,心系天下。这样的思想境界是何等崇高!教学中教师要抓住这一重点,让学生有所感悟、触动,并能以他们为榜样,努力做好眼前事、身边事,达到思想上的共鸣。

总之,在文言文教学中,教师应树立以学生是学习的主体的意识,通过改进教法、指导学法的方式,以朗读、点拨等途径,着力培养学生的参与意识,提高学生的文学素养,努力使文言文教学走出低效的怪圈,打造出文言文教学的高效课堂。

参考文献

[1] 尤立增.教学设计必须关注"学情"[J].中学语文教学,2015.

[2] 高中锋,孔祥华.朗读与文本内容的深层融合[J].语文教学通讯,2005.

[3] 赵长慧.修辞视角下《岳阳楼记》的语言美赏析[J].语文建设,2016.

[4] 王大坤.《岳阳楼记》的人性美[J].中学语文教学参考,2008.

【作者简介】

靳亚明,驻马店第二实验小学语文教师。

《大堰河——我的保姆》悲剧语言下的哀婉

王宁珊

　　《大堰河——我的保姆》选自统编版高中语文选择性必修下册第二单元,是著名现代诗人艾青于1933写的一篇现代诗。当时的中国正处于内忧外患之中,艾青将他的笔触深入劳苦大众之中。正像冯雪峰对艾青的评价那样,艾青的根是深深地植在土地上的。本文将从悲剧美和语言美两方面来赏析此诗,并思考适应的教学方式。

一、忧郁的悲剧美

　　本文第三节,大堰河的坟墓是"被雪压着的",故居的前面是"枯死的瓦菲",曾经的园地已经被"典押","石椅"也已长满"青苔"。这些意象在作者斑驳的回忆里已经变得陈旧,变得枯死,这无疑是在将大堰河的悲剧掰开给读者看,将悲剧像流水一样悄悄地流入读者的心灵。大堰河是勤劳善良的,她的日子围着灶火,围着夫儿们转。最终当"我"过了吃奶的年纪,离开了爱"我"的大堰河,她流下了清苦的眼泪。大堰河为了生活开始辛苦地劳作,但从未忘记过她最亲爱的乳儿。

　　文中最让笔者动情的莫过于大堰河的梦。梦的难得之处,在于表达白天不敢说的话,做平日不敢做的事。她做了一个美梦,在梦中吃着乳儿的婚酒,终于含泪地去了,"同着四十几年的人世生活的凌辱,同着数不尽的奴隶的凄苦,同着四块钱的棺材和几束稻草……含泪的去了。"并且在死后,自己的亲人相继以悲剧落场。

　　此外,能将这个悲剧一一诉说的乳儿——在监狱的艾青,同样会承担更多、更意味深长的苦,这也是悲剧。悲剧是令人敬畏的东西,本文的语言之所以充满了无穷的魅力,在于能够把零碎的感觉和感情凝结起来。值得一提的是，艾青的悲剧并不是消极悲观的，这种忧郁的悲剧体现了诗人对祖国和人民深沉的爱，给予读者的是一种"深沉"的力量，表现了他对美好生活的向往与追求。在引导学生体味悲剧时，可以采用知人论世的方法，结合当时的社会背景。

时间是有距离的，但是感情却可以跨越时空！在引领学生深刻体会文学作品中的悲剧意蕴时，融合知人论世的教学方法，结合作品诞生的社会背景，是一种行之有效的策略。《大堰河——我的保姆》不仅表达了对大堰河个人命运的哀悼，更折射出那个时代社会现实的深层次反映。教师应引导学生深入探究艾青所处的时代背景。20世纪30年代的中国，正值内忧外患交织的动荡时期，社会秩序混乱，百姓生活困苦。在这样的大环境下，艾青亲眼见证了底层民众的苦难，其诗歌因而洋溢着对不公正社会的强烈谴责和对美好生活的无限憧憬。通过对大堰河形象的细致剖析，教师可以引导学生深思其悲剧命运的根源。尽管大堰河勤劳善良，但这并未能扭转她悲惨的命运，反而因生活的重负而过早离世。这种个体的悲剧，实际上是当时社会制度不公和贫富差距悬殊的直接体现。结合艾青的个人经历，教师可以使学生理解他如何能够以如此深刻的笔触描绘出这样的悲剧。艾青曾亲身体验过社会的黑暗与不公，其诗歌因此充满了对现实的深刻批判和对未来的殷切希望。通过知人论世的教学方法，学生能够更加深入地理解艾青诗歌中的情感深度和思想内涵，从而更加深刻地感受到悲剧的力量。

二、凝练的语言美

（一）于陌生处话真情

从常识而言，"厚大"的手掌是男子才有的特征，这里却用来修饰大堰河的手掌，这不仅是因为常年劳作使大堰河的手粗糙有力，更是因为"厚大的手掌"抱起"我"、抚摸"我"，使"我"倍感温暖。父母的家就是自己的家，而诗人却认为自己是"新客"。诗人明明望着"天伦叙乐的匾"，却说自己并不认识。自己的"妹妹"却说"不熟识"，可见艾青并没有很快融入新家庭①。艾青的《大堰河——我的保姆》语言虽然不事雕琢，没有夸张和华丽的辞

---

① 宋会鸽：《〈大堰河——我的保姆〉的语言分析》，《中学语文》2017年第6期，第76-78页。

藻,但简单质朴的语言背后却蕴含着诗人丰富的情感。① 学习诗人的写作方式,有利于提高学生的写作水平。

　　提升学生写作水平的有效途径之一是学习诗人的写作技巧。《大堰河——我的保姆》中的细节刻画与语言风格值得学习与借鉴。关注诗人如何通过细腻的细节描写来传递情感。艾青在诗中用"厚大的手掌"这一细节,不仅生动地勾勒出大堰河因常年劳作而变得粗糙有力的手,更通过这双手抱起"我"、抚摸"我"的动作,传递出"我"感受到的温暖,深刻表达了"我"对大堰河的深情。这种通过细节描写来传递情感的技巧,是学生在写作中值得学习和运用的。学习诗人如何运用对比手法来强化主题。艾青在诗中将自己在新家庭中的陌生感受与在大堰河身边的温暖进行对比,通过"新客""不认识""不熟识"等词汇,巧妙地表达了对新家庭的不适应和对大堰河的深切怀念。这种对比手法能够增强文章的表现力,使主题更加突出。学习诗人如何运用朴实无华的语言来表达丰富的情感。在《大堰河——我的保姆》中,艾青避免了夸张和华丽的辞藻,而是用简单质朴的语言,将自己对大堰河的深情娓娓道来。这种语言风格虽然看似平淡,却能深入人心,触动读者的情感。学生在写作中,也可以尝试运用这种朴实无华的语言来表达自己的情感和思想。通过学习和借鉴诗人的写作方式,学生可以逐步提升自己的写作水平,创作出更加生动、感人、有深度的作品。

(二)于诵读时寻滋味

　　在《大堰河——我的保姆》一诗中,作者通篇运用大量的排比句型增强了诗歌的韵味、气势以及表达情感。诗人在诗歌中的第八节反复介绍大堰河的一天繁忙生活与劳作,"她含着笑,洗着我们的衣服,她含着笑,提着菜篮到村边的结冰的池塘去,她含着笑,切着冰屑悉索的萝卜……"这样一系列的排比既增强了诗歌的气势,又将大堰河的勤劳表现得淋漓尽致,使人物形象更加鲜明感人。教师教授时可以采用朗诵的方式反复品味诗歌,这样不仅可以提升学生的语感,而且能够有效地利用平时上课的机会,提升学生的诵读能力。

　　在教授《大堰河——我的保姆》这首诗时,教师可通过朗读的教学策略,引领学生深入体会诗歌的韵味与情感,从而提升他们的语感和诵读能力。教师应解析排比句型在诗歌中的运用,比如诗中第八节通过"她含着笑,洗着我们的衣服,她含着笑,提着菜篮到村边

---

① 周娟、祝宇:《在苦难的土地上吟诵爱的赞歌——〈大堰河——我的保姆〉课例品鉴》,《语文教学通讯》2024年增刊1期,第139-143页。

的结冰的池塘去,她含着笑,切着冰屑悉索的萝卜……"等排比句,不仅增强了诗歌的节奏感,更生动地刻画了大堰河的勤劳形象。教师也可组织集体朗读,引导学生在朗读中感受诗歌的韵律与情感,通过反复练习,锻炼他们的发音、语调及表达能力,同时教授学生注意诗句的停顿、重音和语气,帮助他们精准把握诗歌的情感波动。此外,鼓励学生进行个人朗读,并给予点评与改进建议,这样不仅能提升学生的自信心,还能在实践中锻炼他们的诵读技巧。通过分组合作,让学生选择诗中的一部分进行深入研究与朗读表演,促进学生在小组合作中相互学习、共同进步,同时加深对诗歌内容及情感的理解。这些朗读活动不仅能够有效提升学生的语感和诵读能力,还能激发他们对文学的热爱与对语言的敏感度,使课堂时间得到充分利用,让学生在实践中学习与成长。

(三)于自由处寻真情

相较于本单元的前两篇诗歌,这篇诗歌形式更加自由,每节有四句、五、七、九、十、十一、十二句不等,而且每一行的字数不统一。这样自由的形式,更有利于抒发情感,显示作者于字里行间的洒脱自然。诗歌的结尾,"大堰河,我是吃了你的奶而长大了的,你的儿子,我敬你,爱你!"这样质朴的结尾表现出作者对于大堰河浓烈的感情。在教授这篇诗歌时,教师可以有意引导学生体会现代诗歌的自由形式,于自由处寻真情。

在教授现代诗的自由形式时,教师应首先引领学生领悟其特点及魅力,通过对比分析传统诗歌与现代诗歌的形式差异,探讨这种差异对情感表达的影响。以《大堰河——我的保姆》为例,教师应指导学生关注其不规则的诗节与诗行变化,如何通过这种形式自由传达情感,并通过朗读实践,让学生体会这种形式的直接与强烈。接着,组织小组讨论,让学生挖掘诗歌中触动情感的部分,并分析其形式特点,深化对诗歌内容的理解。最后,鼓励学生进行自由形式的现代诗创作,探索不同长度的诗行与诗节,体验形式自由下的情感表达,教师提供反馈,助力学生提升创作能力。通过这些活动,学生不仅能领略现代诗歌自由形式的独特魅力,还能学会在自由形式中寻觅并表达真挚情感,激发创造力与对现代诗歌的热爱。

(四)总结

在深入探讨了艾青的《大堰河——我的保姆》后,我们可以清晰地看到,这首诗不仅是对个人悲剧情感的抒发,更是对一个时代的深刻反映。通过分析其忧郁的悲剧美和凝练的语言美,我们不仅感受到了诗人深沉的情感,也理解了现代诗歌自由形式的独特魅力。

在教学过程中,教师的角色不仅是知识的传递者,更是引导者和启发者。教师应通过知人论世的方法,结合社会背景,帮助学生跨越时空的界限,深刻体会文学作品中的悲剧意蕴。同时,通过朗读和写作的实践,学生能够提升自己的语感和表达能力,学会在自由的形式中寻找和表达真情。最终,我们希望通过这样的教学活动,学生不仅能够学习到诗歌的知识和技巧,更能培养出对文学的深刻理解和对生活的敏感洞察,从而在他们的成长道路上,拥有更加丰富的情感体验和人文关怀。《大堰河——我的保姆》作为一首经典的现代诗,其教育意义和文学价值将永远照亮我们对美、对善、对真的不懈追求之路。

参考文献

[1] 王鹏飞.基于思维发展与提升的高中诗歌课堂教学——以《大堰河——我的保姆》为例[J].语文教学与研究,2021.

[2] 张伟,密兴艳.苦与爱:大堰河的生命底色——《大堰河——我的保姆》文本解析教学案例[J].语文教学与研究,2022.

[3] 毛艳霞.细读《大堰河——我的保姆》[J].语文教学与研究,2020.

【作者简介】

王宁珊,郑州市郑东新区外国语学校东校区小学部语文教师。

语文"伪学习"攻略战

张蓓蕾

"语文,国之文,民之语。"①

所有学科,似乎没有第二个学科有如此明显的优势——我们的师生几乎全来自中国,我们的学科教学与练习融入生活的每一分每一秒,我们的家长乃至社会上的每一个人都可以渗透进语文的教学中。纵使语文学科有着得天独厚的优势、举足轻重的地位,但不可否认,语文正逐渐成为大多数学生的"苦手"。

"民主语文""诗意语文""情智语文"……语文教法花样百出,学科中的每一层大浪滚滚而去,最后留下的都只是"教无定法"的水罢了。相比英语的多背单词,数学的多做推导,物理的多做实验,我们的语文学科似乎也只能是鼓励孩子多读多写了。尽管如此,不论是教师还是学生自己都会发现,同样的任务、同样的检测结果,有些孩子成长了而有些孩子却依旧停步不前。

我们问进步的孩子:"你是怎么做的,进步这么大?"他笑着答:"我不知道。"

我们问进步甚微的孩子:"同样的功课,为什么你没什么进步?"他窘着脸答:"我也不知道。"

听起来如同笑话,但语文确实是学生最难总结成功经验,也最难复制他人成功经验的学科。一班30个学生,老师教的是一种语文,而学生学习的可能是29种与授课全然不同的语文。为什么是29而不是30?当然,总有一两个学生随心飞向篮球场,这也是常有发生的事。

---

① 中央教育科学研究所:《叶圣陶语文教育论集》,教育科学出版社,1980年,第2页。

学科知识塑造筋骨,个人学习凝聚血肉。所以英语永远离不开八大时态,数学永远离不开三角函数,物理永远离不开牛顿定律。而语文的学科知识是什么?我们很难说清语文的筋骨究竟是何物,更不用奢望描绘出结合了学生思维、经验的习得后的语文丰满的形象了。

语文的教学困境——大多数知识实际上是学出来的,而教师太坚守于"教"了。我们教写作手法、教修辞赏析、教阅读技巧,一切空洞无用的我们都教了,却忘记了我们应该先教学生学会与"伪学习"作斗争。

可以打包票地说,语文是所有学科中最容易"伪学习"的学科。只要学生想写,就连初中生答高考卷也不会出现空题情况。只要经过答题技巧的训练,初中生在高考中也不会逊色。除了睡觉,看似孩子们每一秒都在受着语文的熏陶,实则中学的语文学习,更多的孩子在"伪学习"的包装下,和语文愈行愈远。

何为语文中的"伪学习"?大致可以分为两类,一类是学生自己耍小聪明的偷懒行为;另一类是教师指导之下便于应试的似学非学的行为。第一类,学生知,教师不一定知,改了便可。第二类,教师知而学生不知,更有甚者,教师学生皆不知,这就是教学中的大问题了。下面列举的例子,大家不妨比对一下,看自己在学习或是教学中是否也有类似的"伪学习"行为。

一、练字组

(一)永远只描红,从不临摹,从不细看写法讲解,不考虑间架结构问题。

(二)只练习单字,从没有想过句、篇连在一起写时应注意的连笔问题,从没想过字体上移或下移的问题。

(三)练字时全然不思考,完全放空任由手写写画画。【这种"伪学习"类似于休息,可用。但请不要认为自己真的在练字】

二、背诵组

(一)只背名句或是常考的句子。上课老师抽查时,查好顺序,临场背自己要背的句子。

(二)篇幅较短的古诗,全凭短时记忆,给老师背完就算过关,毕竟不可能天天检查。

（三）只背读音不背字。古诗词、文言文都会背，但是字会不会写就是另一码事了。

（四）背诵的字都会写，读音就不知道了。【"入则无法家拂士。""那个念 bì 士。""咦？不是 fú 吗？""通假字，同'弼'。再背一遍。""入则无法家拂 fú 士。"……】

（五）背诵从不记标点，古诗全句号，文言文"一逗到底"。【这反映的是断句以及标点使用的问题，很多教师认为古诗文会背就行了，直接忽视了这个问题】

（六）背诵只背古诗文，不考虑含义，全凭死记。

（七）只背正文内容，古诗不背题目作者，文言文不看出处。【"东风不与周郎便。谁写的？""杜甫！""是杜牧。""差一个字，我就猜对了！"】

三、阅读组

（一）消息类文本只看标题、导语、网友点评，时政讨论活动全靠脑补、以讹传讹、网友段子交流。【时政新闻的错误阅读方法会直接导致学生社会观念形成上的偏颇】

（二）说明文只跳读，找到说明对象、说明顺序、说明方法就不全篇看了。做说明文题目时，只按照答题模板回答，有时连文章都不读。【说明文的科普作用在应试"伪学习"下荡然无存】

（三）小说类文本，只看对话内容。其他描写在心中留存印象：动作描写＞外貌描写＞环境描写。

（四）课内文本直接拿教学参考书看概述、看分段大意，最后总结出"本文通过写……表达了……的感情"。得出总结就表示自己已经学会课文了。【实际上有些教师的教学也是如此】

（五）阅读中挑选自己喜欢或是有感悟的语段。选择的大多不是喜欢的，而是带有修辞的语句。【"把自己喜欢的句子读出来，说说为什么喜欢。""因为用了比喻。""因为用了拟人。"……这种阅读主要是因为带入了做题思想，而非发挥主体意识去真正读文本】

（六）戏剧文本阅读，只读节选部分，未节选部分不读或读概述。【只通过一两个小节的文本，学生得出的人物形象就一定准确吗】

（七）戏剧文本阅读，完全以影视代替，只看戏不读剧本。

（八）名著阅读，只看剧情简介、人物形象分析、他人所写的名著评价，不读名著原文。【一些没有条件开展名著导读教学的学校，就采用发名著资料学案的方法教学】

四、写作组

（一）日记周记，把前几周或者前几个月的内容再抄一遍。【除非学生有写日记的习惯，否则对于一般学生，日记的任务性很破坏写作体验】

（二）读书笔记以大量抄原文不加个人评价的形式展现。读后感在不读或不全读的情况下，从网上现有读后感文章中抄袭得来。【主要反映学生读书时不带个人思想读字不读意】

（三）写作文从不仔细审题。无论什么作文都采用开头美词美句堆砌，中间举例，结尾排比升华等教师推荐的模板写作。【写文章只关注形式而不看重立意。以背诵的范文、优美词句写作，不以个人思想写作】

五、作业组

（一）比起需要思考的问题，更喜欢写字词等重复类作业。【小学生可以借由机械重复加深印象，但初高中生做这种作业基本不带思想】

（二）做习题中字词、病句等选择形式的问题不求甚解，只关注 ABCD 选择是否正确。【中、高考采用选择题形式可以大面积考查基础知识，但学生在平日练习中做这种题型往往忽视了一个选项中每一小项的正误】

（三）习题册照抄答案，不思考题目和答案本身，只在意写没写。【关于给不给学生发习题册答案一直是个问题。如果能引导学生主动分析答案，那么答案将会成为一个重要的学习材料】

六、其他组

（一）小组活动中滥竽充数，不参与讨论、不参与发言。【探究活动是近些年较为流行的教学方式，但这种探究活动操作稍不注意就很容易造成更大的两极分化】

（二）齐声朗读中只张嘴不出声。

（三）朗读过后全然不知自己在读什么。【读书读不到心里的情况更容易出现在散文或是较长篇幅的文本朗读中。调整朗读教学策略最为重要】

以上列举的学生在语文学习中的"伪学习"行为屡见不鲜。其成因包括学生自身惰性大、自制力不足、课业繁重、应试压力大;教师过于关注教学形式忽略了学生内在成长的需要,教学策略落后;家庭、社会环境对学生的学习引导及监督不足。不论"伪学习"的成因是啥,我们必须看到此类自欺欺人的情况愈加多了起来。相比起其他学科,语文的"伪学习"甚至可以帮助学生在应试中写出更完善、更模板化的回答。

其实,我们并不畏惧学生偶尔的偷懒。如果他能真心喜欢"落霞与孤鹜齐飞,秋水共长天一色",那他可以背书只背名句;如果他能因汪曾祺笔下的菌子吞口水,那他可以读《昆明的雨》时只张嘴不出声;如果他能在写作时为描绘一个人而停下不下笔,那他可以堆砌背诵的美词美句。我们害怕的是,孩子们把自己的思想抽离了语文,他们辛苦背诵着古诗文,却说不出含义;他们读了文章,小学时喜欢其中的比喻句,初中喜欢比喻句,到了高中喜欢的依旧是能用来回答问题的比喻句;他们写了文章,纵然不再是流水账了,也比不上小学时写的"谢谢妈妈,我爱妈妈"那般感人至深。曾经比起数理化,语文应该是孩子们的避风港,每个人都可以找到怀抱自己的柔波:可以是鲁迅的深沉犀利,可以是李白的浪漫飘逸,也可以是孔子的温厚幽默。语文是一湾时代的水,有名的没有名的人都抛洒了自己的泪在其中,希望能跨越时空温润他人。但当学生用"伪学习"武装了自己,一次次从考试题出发开展教学的教师,还如何带给学生国之文、民之语的共鸣?教师应该如何打好语文教学"伪学习"的攻略战呢?

针对语文学习中普遍存在的"伪学习"现象,教师应采取一系列具体而有效的策略来加以应对和解决。首先,强化目标导向教学,明确每堂课的学习目标,并与学生共享,确保他们明白学习的真正意义与目的,从而引导他们从被动接受知识转变为主动探索和实践。其次,创设与学生生活经验紧密相连的真实学习情境,让他们在模拟或真实的场景中运用语文知识,增强学习的实践性和应用性,减少机械记忆和应试训练的弊端。同时,鼓励学生进行深度阅读和批判性思考,通过组织读书会、讨论会等形式,让他们在交流互动中提升理解和分析能力。此外,设计个性化的作业和评估方式,根据学生的兴趣和学习能力,提供多样化的学习任务,如创作短文、参与演讲比赛等,以激发学生的学习兴趣,减少"伪学习"行为。同时,培养学生的自我监控能力,教会他们如何自我评估、自我激励和自我调整,通过定期的自我反思和同伴评价,帮助他们及时调整学习策略。另外,加强师生互动和反馈,及时给予学生正面的鼓励和具体的改进建议,帮助他们明确下一步的学习方向。最后,与家长建立紧密的合作关系,共同监督和指导学生的学习,通过家长会、家访等形式,让家长了解学生在校的学习情况,共同为学生创造良好的学习环境,促进其全面发展。

教师要有效引导学生从"伪学习"转向真正的深度学习,切实提升学生的语文素养和综合能力。

比起教,我们更应扭转学生学的方式。去伪存真的第一步不是成绩,而是如何让孩子们把心带回语文课堂。让一位老师教出30种不同的学生的语文,总要好过教出30份相同的高考答案。

参考文献

[1] 赵丽芸.不容忽视的"伪学习"[J].中小学数学(小学版),2018.

[2] 孟瑶."召唤结构"语境下高中语文教材"学习提示"拓展内容的应用[J].语文天地,2024.

【作者简介】

张蓓蕾,开封市第七中学语文教师。

郑振铎《猫》文本解读

——真诚对待每一个生命

熊勇琳

郑振铎的《猫》是统编版七年级上册的一篇课文,选自郑振铎短篇小说集《家庭的故事》,整篇文章叙事线索清晰,讲述了一个家庭三次养了不同外形、脾气、待遇的猫,但结局都难逃失踪或者死亡的故事。从表面上看,这是一个饲养宠物的故事,但实际上通过文中"我"的情感变化来揭示对人性的剖析与思考。

一、谁是爱猫之人

文章开头便写道"三妹是最喜欢猫的",喜欢逗着猫玩[1]。但三妹是真的喜欢猫吗?我们需要从文中寻找答案。第一只猫"花白的毛,很活泼","常如带着泥土的白雪球似的,在走廊前太阳光里滚来滚去"。但后来这只猫却突然消瘦下去,也不肯吃东西了。在小猫如此反常的情况下,三妹也没有带它去看医生,不去关注宠物的健康问题,而是特意买了一个小小的铜铃挂在它颈下,代表活力的铜铃与猫自身的毫无生气形成鲜明的对比,给人讽刺之感。在三妹眼里,这只猫只是一个玩具,而不是一个需要呵护的鲜活的生命。[2]

在失去第一只猫后,"隔了几天",听说舅舅家的小猫很可爱,三妹便怂恿着二妹去拿一只来。第一只猫的死只是隔了几天,她却立刻被这只黄色的小猫吸引了注意力。"立

---

[1] 中华人民共和国教育部:《义务教育教科书语文七年级上册》,人民教育出版社2016版,第108页。

[2] 赵陈丹:《"我"家谁"真爱"猫》,《语文学习》,2017年第9期,第27-28页。

刻"反映了三妹情感转移之快,这也正是说明三妹的爱猫是表面的肤浅的爱,猫在她的生命中所占的地位没有那么重要。这一点在第三只猫身上体现得淋漓尽致。三妹如果真的是爱猫,这样一只猫她为什么不太感兴趣？因为三妹的爱是有条件的,这只猫不会和她打闹,长得也不好看,忧郁、瘦弱、不活泼。三妹对小猫的喜爱程度,取决于猫的外形、性格和技能。因此,在第三只猫被诬陷偷吃了黄鸟的时候,三妹不仅没有保护它,反而举报了它的行踪"猫在这里了"。由此可知,三妹并不是一个真正的爱猫之人,对于不能给她逗乐的猫,她是不喜欢的。她只是喜欢能动的、好看的、毛茸茸的"玩具"。

与此形成鲜明对比的就是文中张妈这一角色,在第二只猫失踪时,郑振铎写道,"连向来不大喜欢它的张妈也说可惜"。这让我们知道了张妈并不是一个爱猫之人,但是在午饭后,张妈却告诉了我们失踪的小猫的线索,这说明张妈对小猫是很上心的。但是这个"不爱猫"的张妈却把可怜、弱小的第三只猫拾了进来,还每天给它饭吃。这和三妹平时爱猫的形象形成了鲜明的对比,和三妹有条件的爱相比,张妈的爱是没有条件的、是默默无闻的,她对猫的爱才更显得纯粹。

二、"我"对三只猫的情感变化

文中,作者对于两只猫的描述非常可爱。第一只是花白的,"白雪球似的,常在廊前太阳光里滚来滚去……我坐在藤椅上看着……可以微笑着消耗一两个小时的光阴,那时太阳光暖暖地照着,心上感着生命的新鲜与快乐"。然而,它得病死了。这时的"我"只是感到心酸,"我"还能平静而理性地劝慰"三妹"。因为在我看来这只猫的死亡不过是一种自然现象,这种失去可以说是正常的,是没法避免的"天灾"。

第二只猫"较第一只更有趣、更活泼。……会爬树,蝴蝶安详地飞过时,它也会扑过去捉。……有一次,居然捉到一只很肥大的鼠,自此,夜间便不再听见讨厌的吱吱声了"。然而它却丢了。"我"的反应是痛苦、失望,甚至还有一丝恨意。因为它是被人抱走了,这种痛苦和前只猫的死亡相比强烈许多,因为这是不应该发生的"人祸"。

第三只猫与前两只相反,它"不活泼,也不像别的小猫之喜欢顽游,好像是具着天生的忧郁性似的……不去捉鼠,终日懒惰地伏着,吃得胖胖的""大家都不大喜欢它"。但它死了,是"死在邻家的屋脊上"。"我对于它的亡失,比以前的两只猫的亡失,更难过得多"。"死在邻家的屋脊",我们不难想象,当时第三只猫在被打之后,可能成为一只流浪猫。它待在"邻家的屋脊",就像弥留之际在那里静静等待死亡的到来。它害怕回去之后继续遭到毒打,所以这边是它最后的归宿。课文中没有明确表明第三只猫是被当时"怒气冲天"的我用棒子打死的,但可以推测,暴怒之下的"我"的那一击的伤害不会是轻的,是鲁莽的,更是后果严重的。作者之所以对第三只猫的死亡感到针"刺"般地疼,是因为相较于之前的"天灾""人祸""我之过"的痛苦更加剧烈。这种痛是渐进加深的,是由于"己过"造成的亡失是最痛的。

三、不能忽略的第四只猫

大多数时候,我们都会把目光放在我养过的三只猫身上而忽略了那个让真相大白的黑猫。第四只猫的存在,让我明白悲剧是"我"造成的。

在第三只猫已经适应了我家的生活后,发生了一件打破平静的事情——芙蓉鸟被杀案件。两只鸟死了一只,笼板上都是血。对于这样一个事件,我的第一反应就是第三只猫做的。不仅因为第三只猫丑陋的外貌和懒惰的品性让我对它产生了偏见,更是因为它曾多次跳在桌子上,对鸟笼凝望。而这正是让我"想当然"地觉得是它"犯事"的征兆,有了先入为主的看法。而且妻子也对我的话进行"附和",于是"我"愤怒地"寻找到第三只猫,并且拿起楼门旁倚着的一根木棒,追过去打了一下",它很"悲楚"地叫了一声逃掉了。这时我心中的恨意还是很多的,因为我觉得"惩戒得还不够快意"。然而随后第四只猫出现了。文中写道,"我看见一只黑猫飞快地逃过露台,嘴里衔着一只黄鸟。我开始觉得是我错了"。这只是猫影一闪,但它是此文的高潮,故事本身到此水落石出,真相大白。另一只芙蓉鸟以它的生命为代价为第三只猫洗脱了冤屈。

人们常说"有恩必报",这就是心理学上的心理平衡说。应该报的不能报,就是有亏欠;有亏欠,就不平衡,就有不安和痛苦。这就是人性。对三只猫的态度的对比,暗示了"我"主观好恶的严重。恨之愈深,悔之愈切,最终不明是非,妄下断语的"我"受到了良心的谴责。猫活着的时候,无法与之对话;猫死了,也剥夺了我所有示谦、示悔的机会。"我永无改正我的过失的机会了!"从"我家养了好几次猫"到"我家好久不养猫",再到"我家永不养猫"是我对猫的心态的改变,也是对我的过失的弥补,我对曾经犯下的过错的悔恨和警戒。

综上所述,《猫》用平实的语言来告诉读者深刻的人生感悟,作者既是写猫又是写人。通过三妹对猫的假爱告诫我们,对待动物或是为人处世上,要真诚以待,表面上的虚情假意只会让自己失去更多。我的懊悔则是对人性、生命的思考;人与动物一样,生来平等,生命的存在不能以外表而产生偏见,更不能不加考证就妄下断言,一件普通的小事都可能影响一个生命的发展轨迹,我们要宽容、平等地看待每个生命,时刻自省。这是《猫》这篇小说对不同时代读者的价值所在。

参考文献

[1] 中华人民共和国教育部:《义务教育教科书语文七年级上册》,北京:人民教育出版社,2016.

[2] 孙雅岚.郑振铎《猫》的情感解读[J].中学语文,2023.

《阿长与〈山海经〉》教学新视角

——关注人物成长，传递人间真情

熊勇琳

　　《阿长与〈山海经〉》是部编版七年级下册第三单元的课文，本单元都是关于"小人物"的故事。在鲁迅众多的作品中，许多都是直接揭露社会黑暗，引起国民觉醒的。如用吃人血馒头来表达对不可救药的国民性的绝望的《药》和对受科举制度迫害而不自知最终惨死的"怒其不争"的《孔乙己》等，但有一篇文章，饱含着温情，充满着童趣，那就是《阿长与〈山海经〉》。

一、题目所寓意的情感取向

　　就题目而言，分为《阿长》《山海经》。一个是大字不识的文盲女工，一个是经典名著，鲁迅却将二者并列起来，这不仅仅是为了引起读者的好奇，更重要的是，它们极大地影响了鲁迅的人生，鲁迅也由此对它们产生了特殊的情感。费尔曼在《生命哲学》中说："散文中谈论的所思，表达的所感，是'这一位'作者依其独特的境遇所生发的极具个人色彩的感触、思量。"[①]鲁迅对阿长的特殊情感，是与其创作的时代背景密不可分的。写作此书时，鲁迅正遭受北洋政府和其他各种敌对势力的迫害，在流亡中怀念儿时时光，而长妈妈的温情与热忱给鲁迅的游离之心注入了一股力量，使其在现实中更具战斗力。

　　我们在第一段就已经知道，"我"只有在憎恶她的生活习惯时才叫她阿长。那么这里

---

① 费迪南·费尔曼：《生命哲学》，华夏出版社，2000年，第50页。

就有了一个矛盾,在多年后,鲁迅是带着敬意、感激和怀念之情来回忆长妈妈的,但为什么要用表达憎恶时才会被提起的称呼呢?王荣生在《中小学散文教学的问题及对策》中说:"阿长代表了'作者高度个性化的言语对象和言语内容',是鲁迅眼中独特的阿长。"[1]回忆性散文有"当时的我"的情感和"现在的我"回忆"当时的我"的情感两种。阿长这一称呼符合鲁迅中年时的口吻,既可以指身材高大的真阿长,也可以指关爱"我"的长妈妈,更可以指当时灾难深重的普通人民中的一员,由此可见这一人物形象的普遍性。[2]

二、阿长对鲁迅的关爱与呵护

鲁教版教材中这样写道:鲁迅没有专文写过自己的母亲,却写了这篇怀念保姆的文章。由此可见阿长在鲁迅心中的地位之高。从文章中我们明显可以看出,在某种程度上,阿长对于年幼的鲁迅是十分操心的。大年初一教幼年鲁迅学着过年的礼节,还教许多"我"觉得麻烦的规矩,不管这些规矩是否带有落后的、愚昧的封建迷信色彩,但是实际上就是一个母亲对自己孩子做人做事的严格规范和要求。我们能从中看出阿长给予年幼鲁迅的是远高于保姆身份的类似妈妈一般的爱。

鲁迅对于《山海经》无疑是特别喜爱的,他刚开始是想问别人,但没有人回答他,后来只能把希望寄托在自己身上,想等自己出去时用压岁钱买,但由于时间问题也作罢了。本以为可能会是个无法实现的遗憾时,他以为对其说了也无益的阿长却为他买了来看,从鲁迅接到书的反应可以看出,他是完全被这个突如其来的惊喜所惊到了。(课下注释对"震悚"的解释是:身体因恐惧或过度兴奋而颤动)丰子恺先生在《活着本来单纯》中这样说道:"天地间最健全的心眼,只是孩子们的所有物,世间事物的真相,只有孩子们最能明确、最完全地见到。"虽然阿长谋死了我那隐鼠,还喜欢"切切察察",还挤得我没有地方睡觉,但这些她的不好,都在此时,因为这件事而都变得可以被原谅了。别人拿小孩的事当小事,可她却放在了心里,给他买来《山海经》,完成了鲁迅的梦。阿长是一个文盲,连《山海经》的名字都读错,把书给鲁迅时还说的是"三哼经"。可见她花费了多少时间,走过了多少路,遭到别人多少白眼和嘲笑。但是,她做到了。对于一个孩子来说,这是怎样的一种

---

[1] 王荣生:《中小学散文教学的问题及对策》,《课程·教材·教法》,2011年第31期,第9页。
[2] 鲍静静:《因体而教:回忆性散文的教学策略》,《中学语文教学参考》,2017年第20期,53-55页。

感激。①

三、最后的祷语

鲁迅先生在结尾处写道,"仁厚黑暗的地母呵,愿在你怀里永安她的魂灵"。在民间传说中,有"天神至尊,地母多福"的说法,地母掌管天地、阴阳、生死和生育,并容纳万物。鲁迅作为一个学过医的人,他是不相信世间的鬼神之事的,为何还要祈求地母呢?显然,他是从阿长的角度来考虑的。阿长是一个虔诚的鬼神信奉者。人死灯灭,身躯归于大地,灵魂归于黑暗。鲁迅先生虽然不信魂灵,但那个时代普通劳动者最大的愿望就是灵魂能得到安息。他是从阿长的角度来考虑的,这是鲁迅对阿长的深刻理解和给予她的深情厚爱。

参考文献

[1] 费迪南·费尔曼.《生命哲学》[M].李建鸣,译.北京:华夏出版社,2000.

[2] 张伟忠.因懂得而同情,因深爱而感激——《阿长与〈山海经〉》细读[J].语文建设,2011.

[3] 王荣生.中小学散文教学的问题及对策[J].课程·教材·教法,2011.

[4] 宗慧坚.《阿长与〈山海经〉》阿长人物形象解读[J].语文建设,2017.

【作者简介】

熊勇琳,南阳市第十三中学语文教师。

---

① 宗慧坚:《阿长与〈山海经〉阿长人物形象解读》,《语文建设》,2017年第10期,第18-19页。

《故乡》的独特视角
——文本细读"细"在何处

刘 露

基于对《故乡》教学设计的收集查阅工作,我们发现《故乡》教学往往围绕以下几点展开:整体感知文本,把握文章的情感基调;通过动作、外貌、语言描写,分析主要的人物形象;批判杨二嫂和闰土的"国民劣根性",发掘了劣根性形成的原因,唤醒沉睡的民众,[①]引导学生感知旧社会的黑暗,从而激发学生对当下社会和国家的热爱。以上目标固然符合语文核心素养的要求,但随着互联网的发展与教学参考书的普及,学生能够自己查找资料解决此类问题。因此,这样的教学设计就会使学生逐渐丧失语文学习兴趣。

互联网的发展对以传授知识为主的教学带来很大的冲击,教师的知识权威地位受到挑战。针对上述问题,本文立足于文本细读,旨在为语文教师解读《故乡》文本提供新的视角,为《故乡》教学增添新意。

一、于标点中解深意

郭沫若曾提出:"标点之于文言文有同等的重要,甚至有时还在其上。"在鲁迅作品教学中,标点的品味本应是文本解读必不可少的环节,但通过查阅大量《故乡》的教学设计发现,很少有老师将标点品读作为教学内容。在《故乡》中,有多处标点的使用别出心裁,值

---

① 陈国仁:《针砭国民劣根重铸民族魂灵——由〈故乡〉一文教学所想到的》,《语文天地》,2010年第12期,第73-74页。

得细细品读。例如：当母亲提起闰土要来看我时，我应声说："这好极！他，——怎样？……"短短的一句话，只有六个字，却有七个标点，不由让人发问，此处标点运用的深意何在？因此，探究标点的用意，品读其所蕴含的深刻意义可以作为《故乡》教学中的一个切入点。

"这好极！他，——怎样？……"在此，教师可以引导学生重点分析"！""——""？""……"四个标点符号的用意。首先是"！"。感叹号表感叹之意，结合文章可知此时"我"想起了童年闰土的形象，又听母亲说，闰土要来看"我"，自是满心欢喜。鲁迅先生将心中浓浓的喜悦浓缩在这一个叹号中，又将这份喜悦通过叹号溢了出来。然后是"——"。破折号在此处表示转折，此时教师可通过追问学生，调动其思维。作者在此为何运用破折号？此时他内心在想什么？是那横着的萧索荒村景象又浮现在眼前了吗？是想起闰土也是这萧索荒村中的一员了吗？是担忧闰土被这片萧索消磨得变了模样吗？通过这些追问，为学生解决问题做了很好的思路引导，既协助学生探寻了答案，又告诉学生如何去探寻答案。再然后是"？"。问号是一种疑问，说明或许作者潜意识中的闰土已经变了，即使他仍像小时候相识的一样，是那沙地上的小英雄，"我"也不敢相信。因为作者意识到黑暗社会对人的残害是无情的，只是不愿相信，还是傻傻地怀有一丝期望，因此带着问号小心翼翼地问，期望母亲能说点关于闰土的好消息，这个符号在此处运用得最精妙，将鲁迅内心的复杂矛盾体现得淋漓尽致。最后是"……"。省略号给人意蕴深远之感，对于闰土，"我"想了解的太多了，如果用文字呈现，或许千言万语道不尽，如果只写几点，又显不出我内心的千言万语，因此鲁迅直接将一切言语化在省略号中，既蕴含了我对闰土的深刻关怀，又给读者留下了无尽的想象空间。总的来说，此句的六个字，本是简短精练，却因有了标点符号的装饰，便显示出情感的变化和情愫的复杂。看似简单的几个标点，却为语言带来了巨大的内容张力。①

有研究做过专门的统计，文中省略号多达 28 处，其中 26 处出现于人物对话中；破折号在文中有 5 处，其中 4 处出现在人物对话中；问号在文中共有 18 处，其中 11 处出现在人物对话中；叹号在文中共有 8 处，其中 6 处出现在人物对话中。②

朱自清曾强调，标点绝不是附加在文字之上可有可无的玩意。教师以标点为切入点，既能帮助学生理解更深层次的文意，也能在潜移默化中让学生重视标点的作用，进而使学

---

① 鲁迅：《故乡》，收录于《鲁迅全集》，人民文学出版社 2005 年版，第 2 卷，第 501 页。
② 付显成：《〈故乡〉中标点符号的深意》，《文学教育》，2019 年第 3 期，第 124-125 页。

生善于使用标点,能于标点中解真知,也能巧用标点抒己意。

二、此时无声胜有声——"两次失语"

鲁迅小说中常出现失语现象,《故乡》中就有两处值得注意。第一处是我与杨二嫂的对话:

杨:"迅哥儿,你阔了……这些破烂木器,让我拿去罢。"

我:"我并没有阔哩。我须卖了这些,再去……"

杨:"阿呀呀,你放了道台了,还说不阔?你现在有三房姨太太;出门便是八抬的大轿,还说不阔?吓,什么都瞒不过我。"

我知道无话可说了,便闭了口,默默的站着。

在文章的第四段作者就交代了"我这次回乡,本没有什么好心绪",这说明"我"在城里过得并不顺心,尽管如此,在杨二嫂的心里,"我"是在城里的知识分子,她自然地、确切地将我视为城里做官之人,既为做官之人,她认为我理应有三房姨太太、出门八抬大轿。这是杨二嫂身为小农阶级所有的传统固化观念。三房姨太、八抬大轿,这是多么奢靡的生活,再结合当时农村的凋敝,两者形成如此强烈的反差。这既侧面表明了在旧中国的道台生活的确如此,才让杨二嫂有了这种认识,又说明杨二嫂这类农民群体思想落后,对知识分子的认识仍然具有旧社会科举时代的特色。此时"我"对杨二嫂失语,使对话形成了一个停顿。这个停顿中包含着鲁迅怎样的情感呢?或许有"我"在城市生活的苦,有"我"对国民劣根性的批判,有"我"不知该如何启发杨二嫂这类群体的痛,同时也有"我"对社会现状深深的无奈和无力感。

第二处失语是我与闰土重逢:我说:"阿!闰土哥,——你来了?……"我接着便有许多话,想要连珠一般涌出:角鸡,跳鱼儿,贝壳,猹,……但又总觉得被什么挡着似的,单在脑里面回旋,吐不出口外去。闰土却叫了声"老爷!……"我似乎打了一个寒噤;我就知道,我们之间已经隔了一层可悲的厚障壁了。我也说不出话。

如果细看可以发现,此处失语也可分为两次,其一是闰土叫老爷前,其二是之后。前一个无言是吐不出口,觉得被什么挡住似的。那到底是被什么挡住了呢?从文本我们能听到"我"见到闰土所说的话,那"我"当下眼中看到的人是怎样的呢?结合文中前一段对于闰土形象的描写,我们能够得知此时呈现在"我"眼前的闰土饱经风霜,被生活折磨得粗糙不堪。面对这样一个闰土,他实在与"我"记忆中的形象相差太大,而角鸡、猹是我与记忆中的那个闰土的回忆,忽然间不知该怎样与眼前这个人谈论童年的回忆。而后一处无言是我听到那句"老爷"的反应。有研究者曾站在传统社会制度和民间伦理的角度分析发现,"'老爷'显然不是闰土对'我'尊重的体现,而是作为一个象征符号存在,这个象征曾经给闰土带来了诸多的保护"。而今"老爷"这个符号已经失效,但在老规矩被破坏的同时,新规矩并未形成,这使闰土无所适从。而作为现代知识分子的"我"也只能感到失语。

两处失语,看似无言,实则有声。教师可让学生自主思考失语原因,随后引导学生关注文中的细节描写,并对学生的不足之处做出点拨。

三、是谁埋了碗碟

《故乡》中灰堆里的碗碟到底是谁埋的?历来众说纷纭,有人说是闰土,有人说杨二嫂,还有人说是"我"。这个问题至今没有定论,被称为《故乡》中的"历史悬案"。正是因为这个问题连相关专家都争论不休,因此,可以作为构建开放型课堂的有效切入点,提升学生的发散性思维。

以严家炎为代表的学者认为,是杨二嫂埋了碗碟。他们认为,闰土是憨厚老实的农民形象,他忠诚本分,不会做这种偷碗碟的事。而杨二嫂则不同,在鲁迅笔下,她是一个不招喜的人物,爱贪小便宜,从"我"家里能多拿点就多拿点。再者,闰土没必要偷碗碟,因为母亲允许他随便拿,埋碗碟只是杨二嫂的诬陷。以董炳月为代表的这类学者认为,鲁迅暗示是闰土埋藏了碗碟,因为母亲在说可以让闰土随便拿时,闰土此时正好去了厨房,没有听到母亲的话,并且也正因为去了厨房,他完全有时间和机会藏碗碟。再者,当与闰土重逢时,闰土叫"我"那声老爷,"我"虽打了个寒噤,但"我就知道",我们之间已经隔了一层可悲的厚障壁了。"我就知道"四个字说明虽然"我"很难接受,但我们之间的厚障壁是"我"预料到的,而当"我"听母亲说杨二嫂从灰中发现碗碟之后,鲁迅写道:"那西瓜地上的银项圈的小英雄的影像,我本来十分清楚,现在却忽地模糊了。"闰土的那句老爷并没有使"我"对小英雄的形象模糊,而碗碟的事却使形象模糊了,这暗示了碗碟的事使"我"对闰土有了不一样的认识,鲁迅认为碗碟应该就是闰土偷的。还有一部分学者认为,碗碟是鲁迅自己藏的,他知道闰土生活艰难,因此,故意将碗碟埋入灰中,让闰土来运灰时,顺便带走。这几种观点虽然看法不同,但有一个共同的特点就是:立足于文本细读。他们运用在细读文本时挖掘出来的蛛丝马迹支撑自己的观点,这种思考方法值得学生学习。

因此,在这个问题的教学中,教师呈现给学生的答案不应该是唯一的,而应该让学生说出自己的看法,可以通过设置辩论环节、开展合作探究等方式激发学生文本细读的意识。教师的职责就是引领,并在最后向学生介绍严家炎、董炳月等人的观点以及分析思路,让学生学习富有代表性的解读路径,从而完善自己的逻辑思路。

立足文本细读,做善于细读和思考的老师。以上三部分以《故乡》为研究文本,为教师提供可借鉴的教学切入点,教师也可将此类分析方法运用在其他篇目的教学之中,从而不断提升课堂质量,促使教学效果最优化。

参考文献

[1] 覃继忠.从《故乡》几个句子的标点看鲁迅先生的语言风格[J].赤子(中旬),2013.

[2] 王惠娜.初中语文课堂教学评一体化的应用——《故乡》教学实践[J].新课程,2024.

[3] 陈玲.深入研究人物塑造技巧精心构建主题情境任务——《故乡》教学方法初探[J].中学语文,2024.

[4] 张颖.叙事学视角下小说教学内容的确定——以《故乡》的教学为例.中学语文,2023.

观千剑而后识器

——论教师如何在观课中成长

刘 露

"观课"即课堂观察,是指教师或研究者带着明确的目的,凭借自身感觉器官(眼、耳、手等)及观课需要的相关辅助工具(录音、录像、观察表等设备),直接或间接从课堂教学情景中收集信息,并进行相应研究的教学研究方法。[1]

一、为何要"观课"?

教师根据自身从教年限和教学经验的不同,可以大致分为三种教师类型:新手教师、熟手教师、专家型教师。而观课学习对于任何类型的教师都是同样重要的,并且不同阶段的教师观课需要各有侧重和成长点。

新手教师是指步入教师行业不满三年的一类群体,他们虽然具备一定的教材解读能力,但课堂管理能力、教学组织能力、与学生沟通的能力等多种需要在实践中形成的能力较为缺乏,在教学初期遇到教材不免会不知道该教什么。观课是观他人的课堂实践,也是观课者间接实践的过程,是其快速提高教学技能的一条重要途径,对新手教师有着不可或缺的存在价值。[2]

熟手教师是指从教3年以上的教师,此类教师已经形成了自己的讲课风格,教学活动

---

[1] 金建生:《教师职业技能训练》,南开大学出版社,2010年,第211页。
[2] 邓爱华:《新入职教师观课"三部曲"》,《陕西教育(教学版)》,2022年第C2期,第14-15页。

已轻车熟路,不会存在遇到教材不知如何下手的情况。但他们在形成自己教学模式的同时,也难免会出现模式固化的问题。时代在变化,学生也在变化,教师的教学方法、教学理念必须不断更新才能不被淘汰。这就要求熟手教师也要不断观课,通过观课紧跟教育发展和教学改革的前沿,让自己成为不断成长的教育工作者。

专家型教师是指不仅能熟练地进行教学活动,而且具备丰富的专业理论知识,在教学工作中具有创造性,善于自我监控、自我反思的一类教师。这是教师职业中较高层次的一类群体,也是大部分教师努力的方向。我们会困惑,专家型教师多为学科的带头人,他们代表学科发展的方向,那他们是否就没必要再"观课"?答案当然是否定的。观课这一看似比较基础的工作对于专家型教师也是十分重要的。专家观一线教师的课,更能发现当今学科教学中存在的问题,从而经过思考和探究,解决这一类问题,这也是专家型教师的使命和责任。

二、观谁的课?

观谁的课?这是进行观课活动前必将面对的第一个问题。观课的对象不应该单一,而应该是多方的。因为只有通过观不同群体的课,才能获得更为广泛和实用的经验。

首先,要观教师同事的课。同事的课是距离观课者最近的资源,同事和自己有相似类型的学生、相同的校园氛围,可以择其善者而从之,其不善者而改之。并且观同事课最大的优点是观课者和上课者没有时空距离的障碍,可以充分交流,不懂之处可以直接向施教者请教,使观课者能在十分便捷的交流中得到快速提升。①

其次,还要勤于观专家的课。当然,专家的课不仅是要观,更是需要"品"的。如果看过一些专家的公开课,我们不难发现专家的课的整个教学流程往往浑然天成,他们不会刻意地追求教学技能的展现,而是能在润物细无声中为学生传知识、塑心灵。这种浑然天成看似不刻意,却是他们的匠心所在。观他们的课,正是要学习他们的不刻意,学习他们的别具匠心。

再则,要观自己的课。教学千古事,得失自心知。身为教师对于自己教学水平的追求应该始终秉承一个观念:没有最好,只有更好。在进行教学活动之后,教师必须对自己的课进行反思,从而改正和提升自己。现代信息技术的发展,使教师有条件在课后观自己的

---

① 邓爱华:《新入职教师观课"三部曲"》,《陕西教育(教学版)》,2022年第C2期,第14-15页。

课,因此,在不影响学生学习的情况下,教师可以适当录制一些自己课堂教学的视频,通过观己来提升自我。

三、怎么观课?

我们已经认识到观课的重要性,那么怎样才能高效观课呢?观课应该做哪些准备呢?这是我们作为教师不得不考虑的问题。在此可将观课分为三个环节,即观课前、观课中、观课后。

(一)观课前

教师在观课前首先要有心理准备。要摆正姿态,带着谦虚求教的态度进行观课,不能因为个人喜好或情感而戴着"有色眼镜",如自己不喜欢某位老师,则认为他的课堂毫无亮点。然后还要做好"知识准备",即要提前了解教材,对教材产生自己的理解,并构思若是你,你会怎么讲。最后还要准备专业的"评价表"。评价表对于教师应该关注课堂中的哪些方面具有重要的提示作用,并且也能使教学评价更加系统化和专业化。

(二)观课中

这是观课流程中十分重要的环节,在观课时要做到三点:观、听、记。

1."观"

"观"顾名思义就是观察,观课少不了"观"。而具体要观什么呢?在课堂活动的流程中,我们要观察的对象是多方面的,如信息技术的使用是否灵活恰当,学生的反应是否积极热烈,教学活动的设置是否科学合理,教姿教态是否大方得体,板书是否工整中不乏创意等。

2."听"

课堂中教师和学生间的交流主要靠语言,如果缺乏语言,课堂将很难顺利进行,对于语言的感受自然离不开听。在听时,一方面要听教师的语言。听其语言表述是否清晰流畅,是否简练,是否有逻辑;语言内容是否科学准确,是否生动形象,是否有感染力、驱动力和激情。另一方面还要听学生的语言。学生不仅通过他们的表情进行课堂反馈,语言更是他们反馈的重要方式。通过学生的语言,教师可以了解此阶段学生的基本水平,以及共有的疑惑,从而更准确地抓住课堂的重难点。

3."记"

记即课堂记录。在记录时,三个重要内容不能忽视。首先是课堂流程。所观的课是如何导入的?如何侧重重难点?是如何讲解、如何衔接、如何结尾的?要将这些方面记录下来,形成一个完整的课堂流程图,这对自己安排同类课程具有较高的启示作用。其次还要善于捕捉教学闪光点并记录下来。一堂好课是非常注重细节的,比如教师看似不经意间的点评。细节能毁了一节课,也能成就一堂好课。最后要记下自己在观课中瞬时的思考。人的灵感往往是突如其来而又容易消逝的,观课,是观课者思想与他人实践的碰撞,在这个过程中会有思想的火花迸发出来,要及时记录。观课者在课下整理记录这些独特的想法会有很高的利用价值。

(三) 观课后

观课后,观课者要将整个过程中的材料、笔记进行整理,并进行整个观课流程中的最后一个步骤:"思"。

洛克曾说过,思考才能使知识成为我们自己的。同理,观课后只有思考才能利用他人的实践提升自己。那么,哪些问题是观课者应该思考的呢?首先是学科视角。也就是思考教学内容是否准确,是否符合教学标准要求,不管运用怎样的教学方法都要先确保传授的知识是正确的、合理的。其次是教学视角。也就是思考这堂课运用了怎样的教育理念,有怎样的教学效果,哪些教学方法值得学习,哪些教学方法使用得不太恰当,教学环节的安排是否合理等问题。最后是创新视角。教材是固定的,但教师的教学不能是千篇一律的,教师必须有创新意识和创新能力。因此,观一堂课还要思考所观课堂有无创新点,这些创新点带给自己哪些启示,这样也能使自己未来的教学充满新意。

掌握观课的方法只是课堂教学进步的起点。"观千剑而后识器",只有多观课、多思考,才能懂得什么是好课、课例的好处在哪、如何使自己的课更好。教师发展之路漫漫其修远,但身为育人的教师应当持续上下求索,在观课中提升,在观课中成长。

参考文献

[1] 金建生.教师职业技能训练[M].天津:南开大学出版社,2010.

[2] 邓爱华.新入职教师观课"三部曲"[J].陕西教育(教学版),2022.

【作者简介】

刘露,郑州市郑东新区艺术小学语文教师。

《我的叔叔于勒》深度解读

夏文莉

《义务教育语文课程标准(2022年版)》在课程内容的主题与载体形式方面明确提出,在突出"中华优秀传统文化""革命文化""社会主义先进文化"相关主题的同时,还要统筹安排以外国文学作品等为载体的世界文明优秀成果作为学习内容。现行统编版初中语文教材与新课标的理念相吻合,选编的外国文学作品占有相当比例。这说明,现阶段语文课程在落实新课标弘扬中华优秀传统文化,培养学生爱国情感要求的同时,也为学生提供了多元文化学习的视角。

因此,在外国文学作品的解读过程中,我们不仅要注意作品的时代意蕴和精神内涵,还要注意跨文化、跨语境等背景信息。对此,不少一线教师进行了卓有建树的尝试。王君老师的课例——《我的叔叔于勒》对该作品的解读就避开传统语文教学内容表层化、教学方法单一化、人物解读扁平化等问题,为我们带来了焕然一新的教学文本深度解读面貌。

一、以新颖的角度切入文本

单元说明是教材的重要组成部分,提示学习重点、学习方法,是教师解读文本的依据,能够提高教学效果。

《我的叔叔于勒》是一篇经典外国文学作品,情节曲折,适合学生阅读。文章位于小说单元,本单元还包括小说《故乡》与《孤独之旅》。本单元说明指出,"学习本单元课文要试着理清文章脉络,总结概括小说中的人物形象,并且与自身生活实际相结合,读懂文章主题"。单元说明要求学生"在阅读这些文学作品时,要加深对当时社会状况的理解,提高共情能力,从而促进自我精神的成长"。从单元说明中可以看出,情节、人物、主题是本单元的教学重点。

"小说《我的叔叔于勒》中,于勒给家人写的第二封信,是解开小说的一把钥匙"。王君老师的教学从于勒给家里的第二封信入手,带领学生一步步分析,得出于勒在信中撒了谎,这样的切入点多少有些创新,因为在传统的教学中,教师的教学重点并不在"于勒的信",而是人物形象、主题的分析。这样看来,王老师的课堂脱离了教学的常规思维,确实有些创新,但能说这样的"新颖切入点"是凭空想象,没有一点依据的吗?这样的观点当然是错误的。

王君老师的教学跳出常规思维,以新颖的角度重新审视《我的叔叔于勒》这篇小说。她在课堂上提出的问题和于勒的第二封信有关,让学生针对这封信展开交流讨论,找出这封信有什么破绽,然而学生并没有找出什么破绽。在老师的一步步引导下,学生明白是于勒的自尊使他撒谎也要保留最后的尊严与体面,他不希望家人了解他的惨状。"这封信充满了他的无奈与痛苦。在谎言中,我们看到了一个有温度的于勒。"教师总结道。王老师的引导,不是随心所欲的,是贴合文本的,她从新颖的角度切入,以语言的名义反叛,跳出了常规教学思维,没有一味地遵从网上的资料,为语文教学提供了新思路,引导学生一步步走进高深的文学境界中。

从新颖的角度切入,王君老师文本解读的方法当然也适合其他小说教学。比如《变色龙》的教学,教师可以用学生感兴趣的俗语如"白眼狼""三脚猫"作为切入点,带领学生讨论人物名称背后的深意,以及人物语言动作中蕴含的辛辣讽刺,并与学生学过的《皇帝的新装》展开对比阅读,加深学生对讽刺手法的理解,使学生将新旧知识联系在一起,学会迁移。教师在教学中要抛掉常规教学思维,带领学生从文本出发,倾听小说中主人公的"心跳"。

二、创设情境深入体验文本

教学是师生双方的互动,要以学生为本,重视学生的理解和感受。王老师在教学中创设情境,让学生想象自己在船上如果意外碰到了狼狈不堪、穷困潦倒的于勒,自己会怎么做?从学生的回答中可以看出,他们都是单纯善良的,他们愿意与于勒相认,原谅他的过错,并抚慰他受伤的心。此时,王老师引导学生回归原文,找出小说中菲利普夫妇对待于勒态度的句子,把自己的想象与文章进行对照,学生会惊讶地发现菲利普夫妇的选择与自己的选择截然相反。创设情境,设身处地以小说中人物的视角思考问题,能够调动学生的情感体验,这样的教学不再浮于表面,不再是教师单一地讲,而是以学生为主体,最终使学生与小说中的人物产生共鸣,教学效果显著提高。

其实大多数作品因为年代久远或者文化差异等原因,学生并不能完全深入文本,体会到人物或者作者想要传达的情感,而虚拟设置一个情境,让学生以小说中人物"菲利普"的立场进行想象,学生对人物不再充满陌生感,从而加深学生对人物的理解。让学生想象,学生当然都是纯洁善良的,希望给人物美好的结局,然而当他们的美好想象与小说中的实际描写产生了冲突,这种冲突与矛盾便会激发学生探究文本的兴趣,加深对人物形象的思考,并且对人物的无奈选择予以理解。

情境化教学打破了传统沉闷的教学方式,活跃了课堂气氛。这一教学方式已被越来越多的教师接受并在语文课堂中加以运用,产生了良好的教学效果。如九年级下册俄国作家契诃夫的小说《变色龙》,教师就可以创设情境,引导学生深入文本进行想象:假如把狗送到将军家,将军的哥哥说这条狗不是他的,又会发生什么事呢?奥楚蔑洛夫又会有怎样令人啼笑皆非的"变色"呢?这种想象,使学生深入小说中,文本便不再是孤立的存在,学生也不再拘泥于课本,而是插上想象的翅膀与作者展开对话。

三、以悲悯情怀解读人物

针对文章中"父亲被这种高贵的吃法打动,心中萌生了吃牡蛎的想法"这段描写,王老师向学生提问:菲利普被高贵吃法打动该如何评价?学生的回答仅限于"虚荣"层面。于是王老师以自己的生活体验为例来启发学生"被高贵的吃法打动,难道只是虚荣心理作祟吗?王老师也经常被这样的场景打动。王老师喜欢时装表演,所以在看到电视上的时装表演时常常被感动,自己也想穿上那些美丽的服装上台展示展示。王老师也喜欢看美女帅哥,也会被帅哥美女所打动。那王老师的这些心理也是虚荣吗?"王老师以"时装表演""看美女帅哥"为例,结合生活具体例子启发学生深入思考,学生豁然开朗,明白:人生的无奈与辛酸,活着的艰难与痛苦;像菲利普这样的穷人想要保持自尊与体面比普通人更困难。此时,教学目的已然达到。生活是残酷的、无情的,而文章中父亲的形象也不再是绝对的自私虚荣、冷酷无情,更多了一份无奈,一份对精神生活的美好追求,人物形象更加立体,不再是传统的一刀切、扁平式的人物。

在学生的认知中,总是存在着"这个人是好人与坏人"的标签式疑问。受到20世纪旧文学思潮的影响,教师在分析人物时也是片面的,非善即恶,都是些扁平人物,但是这与现实生活不符。人性是复杂多面的,每个性格侧面共同构成了一个圆形人物,这样的人物才是真实的、立体的。所以,教师在教学时,不能对人物简单地肯定或是完全否定,人物性格的复杂与矛盾更值得分析与思考,从中可以体会到人物的无奈与辛酸,也能加深学生对小说主题的理解。比如《变色龙》的教学中,"人物的特殊嗜好及一些反常元素也是人物形象分析的重要切入点,如军大衣,人物急于变化的语言、表情、动作。从这些细微之处入手,可以体会到潜藏在人物背后的奴性心理,同时也能学习到契诃夫高超的写作技巧"。

对文学作品"标签化"的认识,由于缺少对人物作为"人"本体的理解与思考,只会让学生漠视作品中人物的命运、人性的特征、人性的可贵。① 以悲悯情怀解读人物,用平常的视角去看待普通人的生活,与学生的生活实际相结合,这样的解读不再浮于文本表面,不再泛泛而谈,而是最真实可靠的。同时,教师在教学时,要在教授知识的基础之上,使学生生发出对大千世界的感悟。

四、以插图感知语言魅力

插图对教材中一些精彩段落或者学生难以理解的段落给予形象化的展示,弥补学生想象的空白,类似于古典诗歌中"诗画交融"的境界。通过"图读"和"图文共读"的方式参与学生"语言建构与运用、思维发展与提升、审美鉴赏与创造、文化传承与理解"的语文核心素养培养过程。② 插图教学在小学语文课堂运用较为普遍,但初中语文教学中适时利用插图也能产生意想不到的效果,让学生根据文本内容展开自由想象,从而加深学生对文章主题的理解。

《我的叔叔于勒》中的插图是"我"向叔叔于勒买牡蛎,并且给予十个铜子小费的场景。画面中的于勒和文章中于勒的肖像描写如出一辙:"满脸愁容,狼狈不堪"。插图完美再现了文中的描写,使学生对老年于勒悲惨可怜的印象更加深刻。其实,插图也是教材编者精心选择的,课文中的插图要么是课文的精彩段落,要么有利于凸显文章的主旨。如莫泊桑的这篇小说,编者选择的插图是"我"与于勒,其实"我"在文章中具有独特的作用,是解读文本的重要切入点。"我"是一个涉世未深、天真善良的少年,能抛开当时世俗的社会标

---

① 白慧洁:《触摸〈我的叔叔于勒〉的人性温度》,《语文建设》,2016年第1期,第44-47页。
② 王宁:《语文核心素养与语文课程的特质》,《中学语文教学》,2016年第11期,第4-8页。

准,直面本质;"我"身上寄托着作家的希望,在悲惨的生活中仍能散发温热的光。王老师在教学中展示了原作的开头与结尾,在那个以金钱为标准的冷漠社会中,带领学生读出了其中的温情,用乐观向上温暖了课堂,人生还是有无尽的希望与温暖。这其实对教师也有启发,在教学中除了让学生了解到当时社会的黑暗与腐朽,更要从腐朽社会中开出希望的花。

插图教学适用范围广,不仅能够在教授外国文学作品时灵活运用,从而产生意想不到的效果,其他作品的解读也同样适用,如九年级上册鲁迅的小说《故乡》。文章中的插图是老年闰土,"脸色灰黄、眼睛通红、又粗又笨的双手,像松树皮",他的一声"老爷"打破了"我"童年的幻想与美好,人与人之间感情不能互通,无法进行心与心的交流,隔膜竟如此之深,但结尾作者却生发出希望。在人与人感情不相通、存在隔膜的社会中,仍然存在着打破这种隔膜的希望,宏儿与水生不就是作者的希望吗?教学重视插图的作用,也能从中解读出别样的文化内涵。

叶圣陶先生说过"教材无非是个例子,凭借教材这个例子要使学生能够举一反三"。教材中选编的外国文学作品具有丰富的文化内涵,并且趣味十足,但这些作品更重要的是为学生了解并学习世界优秀文学搭建一个桥梁。王君老师以独特的教学方式带领学生深入文本,使学生对阅读感兴趣,从而领悟世界文化的多样性,促进自身能力的提升。

参考文献

[1] 中华人民共和国教育部.义务教育语文课程标准(2022年版)[S].北京:北京师范大学出版社,2022.

[2] 叶圣陶.叶圣陶集第13卷[M].南京:江苏教育出版社,1992.

[3] 赵云峰.语文教师要善于发掘"单元说明"的价值[J].语文教学与研究,2018.

[4] 王君.福音书还是诀别书——解读《我的叔叔于勒》的钥匙[J].初中生辅导,2013.

[5] 王君.拨开重重迷雾,走进人物心灵——《我的叔叔于勒》课堂教学实录[J].语文学习,2009.

[6] 何琛.小说教学内容的聚焦和创新——以《变色龙》教学为例[J].中学语文,2021.

[7] 童庆杰,向浩.应关注他们的"反常"之处——从人物的特殊嗜好入手解读《变色龙》[J].语文教学与研究,2021.

[8]苏成明.浅析小学语文阅读教学文本细读的策略[J].学周刊,2022.

【作者简介】
夏文莉,郑州市第四十一高级中学语文教师。

《论语》"学"字解读

——以《学而》篇为例

黄春晖

以"学"为代表的儒家思想在《论语》中有丰富且重要的阐述,历代学者对此进行了详尽细致的考证,如朱熹《论语集注》、程树德《论语集释》、杨伯峻《论语译注》、钱穆《论语新解》、傅佩荣《论语新解》、杨树达《论语疏证》,等等。这些关于"学"的理解,都在《论语》本身的思想阐发之上,"学"字本身内涵的丰富性及孔子之"学"的思想价值,在当今时代仍具有现实意义。本文以《学而》篇为起点,进一步探究"学"字的字义源流与演变、各家对于"学而时习之"中"学"的解读以及"学"的现实意义。

一、"学"字源流

了解"学"字的字义,首先要在"学"字的起源上寻找线索。"学"字在甲骨文中由两部分组成,分别是代表算筹和房屋,组合之义为"练算习字的房子",其本义指教授学生算数、习字的房舍。有的甲骨文如在算筹两边加上(爪,手),强调手把手教练的含义,"古文字'学'的上部,既有两手,又有效法,表示先知者示之典范,要求下辈效法,也就是说:'上有所施下所效也',或者说含有'教'和'教化'意思。"在此基础上,"学"又具有师与生的相互交流以及后辈效法前辈的意义,词性也由名词引申为模仿习得经验知识的动词。

在一些古文中,对于"学"的本义也有所体现,如:

学,官也。——《广雅·释官》

学则三代共之。——《孟子》

万用入学。——《夏小正》

《说文解字》:"学,觉悟也。从教,从冖,冖尚朦(曚)也。臼声。胡觉切。"此处以"觉"来解释"学",这个解释影响许多注疏《论语》的学者。例如,朱熹《论语集注》:"学之为言效也。人性皆善,而觉有先后,后觉者必效先觉之所为,乃可以明善而复其初也。"

"学"的字形在金文中有较为明显的变化,金文中的"学"在代表房屋的符号下加"子"来表明行为的对象,同样,一些金文加上"攴"即持械击打,表示执教者体罚受教者;象形字典将"学"的四重含义归纳为线性引申线索。

从词义和词性的双重演变上归纳出的"学"的字义,对我们解释《学而》篇"学而时习之"中"学"的意义具有一定的参考价值。

二、历家解读及我见

(一)"学而时习之"中"学"的不同见解与共通处

在朱熹的《论语集注》中,"学而时习之"的"学"注解为"效仿前辈",遵循《说文》中的解释。① 在《白虎通义》中,学与觉具有本质同一性,它以"学"为"觉":"学之为言觉也,以觉悟其所不知也。"②皇侃在《论语义疏》中阐释:"学,觉也,悟也。"③把"学"意义概括为一种类似于"觉悟"的行为。有学者认为这里的"学"与古代学习六艺相涉,具体可指四书五经。"就'学'的内容而言,通常是指五经:《诗》《书》《礼》《乐》《易》,以及'六艺':礼、乐、射、御、书、数。根据孔子的思想来说,这应该是指学习做人处世的道理。"

程树德在《论语集释》中借清代学者毛奇龄对"学"的划分,理解其有"实词"与"虚词"之分:"学有虚字,有实字。如学《礼》、学《诗》、学射御,此虚字也。若志于学、可与共学、念终始典于学,则实字矣。"④

不论是作"觉悟"还是"效",又或是学习六艺理解的"学",在内涵上都有共同之处。钱穆在《论语新解》中就说明了几种注解之间存在的关联性:学习体悟道理必然要先效法"先

---

① (宋)朱熹:《论语集注》,(宋)朱熹撰,徐德明校点:《四书章句集注》,上海古籍出版社,2001年,第55页。
② 陈立:《白虎通疏证》卷上,中华书局,1997年,第254页。
③ (南朝梁)皇侃著,高尚榘校点:《论语义疏》,中华书局,2013年,第2页。
④ 毛奇龄:《四书改错》,《续修四库全书》第165册,上海古籍出版社,1995年,第170页。

觉",效法"先觉"便不得不诵读"先觉"之著。《学而》篇中的"学"与诵读文献相涉,而这种学习最终仍要归于学习效仿前贤所言所行,以达到"为仁求己"。

(二)"学"的多重理解

联系《学而》篇乃至《论语》其他有关"学"的章节,不难发现"学"的理解可以是多样的,按照学习的内容、态度、目标可大致划分为三类:始于学"文"、乐以好学、终而为圣人。

1. 始于学"文"

"学而时习"可以是学习具体的"六艺"。《史记》中记孔子以四教:文、行、忠、信。"教不以文,无由入。说与事理之类,便是文。小学六艺,皆文也"。"起初须是讲学,讲学既明,而后修于行"。可见,孔子的"学"是由"文"发端的,而所谓"文",则指以"六经"为主的古代文献,包括了"小学六艺"。"不学诗,无以言""不学礼,无以立"都反映了孔子个人对于学习礼乐的重视。

在明白道理,学习"文"之后,就要来讲明"行""忠""信",因为"文"虽重要,但仍然只是停留在学习文化知识层面,终究没有进入更深层次。"四教"间应当存在先后与表里关系,教育都需要从读书、学习六艺开始,通过学习明白道理,这是所谓的"表";之后将其见之于行,特别要依靠个人的品德修养,这是所谓的"里"。

2. 乐以好学

所谓"乐以好学",即孔子一贯对学习秉持的态度,也正是"好学","子曰:'君子食无求饱,居无求安,敏于事而慎于言,就有道而正焉,可谓好学也已'"。君子"好学",便会有很强的自主性和自觉性,"学而时习之",学者能够按时练习、演习便也是这种"好学"的真实反映。

那么,学习是否也能给人带来由内而外的喜悦呢?答案是肯定的。联系《说文》中将"学"释为"觉",就会发现"学"即能够引发内在的觉悟。真正"好学"的人,达到了与"道""善"合二为一的自我觉悟的精神境界,因而乐于学习并能从中汲取快乐,循环往复更使人"好学"。

3. 终而为圣人

在孔子诸多弟子中,唯有颜渊最得他的喜爱,《雍也》篇中哀公问孔子:"弟子孰为好学?"孔子的回答是:"有颜回者好学,不迁怒,不贰过。不幸短命死矣!今也则亡,未闻好学者也。"孔子把"不迁怒,不贰过"的颜回当作好学的典范,恰恰说明了"学"的最终目标指向，即修身立德。儒学作为"一套兼含内圣外王的生命的学问"，在"学于诗"的基础上，更要求达到德行的提升与自我修养的完善，成为"上达"仁义的君子。

正是有了最高的目标追求，《学而》篇第一章才会在"学而时习之，不亦说乎？"的基础上进一步提出"有朋自远方来，不亦乐乎？人不知而不愠，不亦君子乎？"。一方面，学必以友，效仿贤人；另一方面，反求诸己，内省自身，德性坚定，不会因为不被人所知而生气。通过两种途径即外"效"与内"觉"，从而成为有大智慧、大觉悟的圣人。

三、"学"对于教师学习与教学实践的启示

（一）学而时习，乐而时习

孔子之"学"重视与自我思考、社会实践相结合，"学而时习之"是将学到的知识运用于实践中去，在广阔的社会生活中贯彻学者对事物的思考，历练身心。认识与实践结合的过程即成长的过程，使人面对困顿或得意的人生时都能保有好学的热情和超越自身局限性的愿望。

"知之者不如好之者，好之者不如乐之者。"（《论语·雍也》）只有让学生把学习看成乐事、乐在其中，才能寓教于乐、学在乐中，这种乐是内心澄明带来的快乐，是在学习中被激发出的浓厚兴趣，进一步诱导学生在内心喜悦的状态下发挥学习的能动性，从而忘却功利之心。

（二）学而为己，切身体悟

孔子的一生正是一个"学者"通过自我完善达到"从心所欲不逾矩"的一生，不论是"学而时习"还是"学无常师"，最终指向的都是一种"为己之学"。这种"为己之学"并不是所谓的为了一己之欲，也不只是为了知识的增长，而是注重学习者作为社会个体道德与修养的完善和提升。这是一种非功利性的学习理念，也是儒家知识分子"为天地立心，为生民立命，为往圣继绝学，为万世开太平"的精神渊源，这种"为己之学"在复杂、浮躁的社会下更应为我们教育者所继承。司马迁在《史记·孔子世家》中发出了"余读孔子书，想见其为人"的感慨。

"兴于诗，立于礼，成于乐"对于每个愿意闻道的人有着可践履的普遍性，又被孔子本人的生命践履所印证。不论是对自己还是对弟子，《论语》中一以贯之的都是智德并重、德

行为先的思想，教导学生学习的最后归宿与最高目标，就是能用外在的知识启发学生"觉"与"效"，将感悟内化为心智力量，又能够使它见于外在的行为准则上。

《论语》以《学而》为全书开篇，而《学而》又以"学而时习之"为首章，其重要性可见一斑。总的来说，"学而时习之"中的"学"映射的不仅是直接的客观知识，也是一种终身"好学"的坚定态度，更是彰显个人主体性的"为己之学"，直指内心最终能够达到君子平和而"不愠"的生命哲学。作为儒家生生不息、安身立命的"学"说，将"觉""效"与实践融会贯通，最终成就"好学"且"从心所欲不逾矩"的圣人，"学"为我们的未来学习和教学活动提供了最高的理想追求，也是我们进入现代社会仍可借以滋养生命和心灵的不竭源泉。

参考文献

[1] 杨伯峻.论语译注[M].北京:中华书局,1980.

[2] 朱熹.朱子语类[M].北京:中华书局,1986.

[3] 程树德.论语集释[M].北京:中华书局,1990.

[4] 黄克剑.《论语》解读[M].北京:中国人民大学出版社,2008.

[5] 傅佩荣.论语新解[M].南京:译林出版社,2012.

[6] (南朝)皇侃.论语义疏[M].北京:中华书局,2013.

[7] (南宋)朱熹.论语集注[M].北京:商务印书馆,2022.

[8] (东汉)许慎.说文解字[M].北京:中华书局,2018.

【作者简介】

黄春晖,在信阳市教育体育局工作。

《望海潮》与《扬州慢》联读教学设计的三次情境调整

余彩娟

《普通高中语文课程标准(2017年版2020年修订)》(以下统称新课标)提出"创设综合性学习情境",认为"语文学科核心素养是学生在真实的语言运用情境中表现出来的语言能力及其品质"。新课标将学生主体地位置于更加重要的位置,重视学生在教学中的参与,要求教师创设真实情境,从核心素养出发,引导学生在情境中发挥自觉能动性,提高教学成效,提升学生的语文素养。然而高中语文情境教学的实施存在一定的误区与困境,情境教学一经提出便在一线教学中产生了两类极端的教学方式,即"零情境化"与"过度情境化"。具体来说,"零情境化"指部分教师把创设情境当作负担,置课标要求于不顾,依然采用师授生收的机械式授课方式;"过度情境化"指的是部分教师将情境教学奉为圭臬,对课文是否适合采用情境教学不加分辨便创设情境,有的情境太过繁杂,有的情境距离学生生活太远,有的甚至是虚假情境或为情境而情境。显然,上述两种对于情境教学的极端做法都是不可取的。

《望海潮》《扬州慢》同为江南城市风光的题材,而所绘之景与所抒之情截然不同。因此,两首词适合创设情境,进行联读教学,情境创设有"假情境""无情境""真情境"之分,回归语文第一性才是教学设计的本位。

一、《望海潮》与《扬州慢》联读教学分析

（一）课标分析

《望海潮》《扬州慢》属于"中华传统文化经典研习"学习任务群。该任务群要求："阅读中华传统文化经典作品，积累文言阅读经验，增进对中华优秀传统文化的理解……更好地继承和弘扬中华优秀传统文化。"学业质量中给出了具体层次要求，即"能对具体作品作出评论""阐释作品的情感、形象、主题和思想内涵""能比较两个以上的文学作品在主题、表现形式、作品风格上的异同"。教学建议则指出，"通过主题阅读、比较阅读、专题学习、项目学习等方式，实现知识与能力，过程与方法，情感、态度与价值观的整合，整体提升学生的语文素养"[①]。因此，本设计将同是江南主题的《望海潮》和《扬州慢》两首词进行联读教学，创设"读宋词，赏江南"的朗读情境，激发学生的学习兴趣，深化学生的想象力、比较分析能力与文化自信。

（二）教材解读

《望海潮》与《扬州慢》位于统编版高中教材选择性必修下册第一单元第 4 课，是自读课文。本单元的单元导语要求是"品味诗歌之美，感受古人的哀乐悲欢""比较不同体裁的诗歌在节奏韵律、表现手法、艺术风格等方面的异同"。本课的学习提示指出"两首词作极富声韵之美，诵读时要细加体会"。从文本解读的角度看，《望海潮》开头总览杭州的优越位置和悠久历史，采用铺叙的写法，接着描绘此地风景的优美、市井的繁华以及人民生活的平和安乐。《扬州慢》则聚焦于扬州今昔盛衰的对比。词人一面描摹眼前景象，一面想象杜牧重游故地的震惊和悲哀，强化了兵火劫后的沉痛心情。因此，这两首词的联读教学要引导学生关注朗读声韵，要让学生在自主学习活动中比较分析两首词的意象，体会两首词中喜与悲的情感基调。

（三）学情分析

从学生的学习经验与认知特点看，本节课的教学对象为高二年级的学生，在此前的高

---

① 中华人民共和国教育部：《普通高中语文课程标准（2017 年版 2020 年修订）》，人民教育出版社，2020 年，第 42 页。

中学习中,他们已经学习过《念奴娇·赤壁怀古》《永遇乐·京口北固亭怀古》《声声慢(寻寻觅觅)》《桂枝香·金陵怀古》等宋词,掌握了学习宋词的基本方法。高二学生思想细腻,想象丰富,对不同时代的江南风光与不同风格的诗词有一定的阅读审美能力。而从学习障碍的角度看,《望海潮》与《扬州慢》所描绘的江南风光具有一定的地域特征,学生会产生隔膜感;学生在联读中的分析比较能力还有待提升。因此,在教学时,本设计结合学生的认知起点与学习障碍,创设了"读宋词,赏江南"的活动情境,培养学生的对比分析能力。

二、二次、三次情境调整的教学设计

对于《望海潮》与《扬州慢》两首词的联读教学设计,我进行了三次情境调整。第一次创设的情境是"寻梦江南"云端展厅,这是典型的"假情境",云端展厅、微视频拍摄、电影海报等情境皆是偏离"语文第一性"的错误情境,这样的设计看似课堂活跃,实则对文本的解读少之又少,浅尝辄止。第二次的设计便是直接删除情境,这样的设计太过生硬,没有主任务贯穿其中,同样不成功。第三次重新创设情境"读宋词,品江南",这是学科认知情境,是语文的情境,在"读宋词"这样的语文活动中学习本身就是情境创设。

(一)"假情境"

1. 教学目标

① 通过反复诵读,感受《望海潮》与《扬州慢》两首词的音韵,进而体会情感基调与朗读方式的不同。

② 通过小组合作,探究两首词中的意象与情感的差异。(重点)

③ 通过情境活动分析两首词不同的写作手法。(难点)

2. 教学过程

【情境导入】

情境创设:"寻梦江南"云端展厅

中国国家地理官网要策划一个"寻梦江南"的云端展厅,这节课围绕《望海潮》与《扬州慢》展开讨论,一起为云端展厅的设计出谋划策。

【任务一:寻找江南韵味】

1. 情境引导,品诗词音韵

(1) 情境:云端展厅的第一个项目——寻找江南韵味。

(2)朗读:自由朗读、教师范读、学生自读。

　　(3)思考:两首词读来声韵有何不同?

　　(4)明确:从音韵学的角度来看,元音韵母 a 是开口音,在发元音时,气流在口腔中相对畅通无阻,读来气脉顺畅,所以给人一种畅快明朗的感觉;后鼻音 ng 是阻塞音鼻音,气流主要通过鼻腔而不是口腔排出,使得声音听起来更为浑厚和深沉。

　　(5)追问:为何词人要选择不同的韵脚?巧合还是有意为之?

　　(6)填表:以表格形式比较韵脚带来的情感基调与朗读方式的不同。

　2.再读诗词,寻找关键词

　　(1)朗读:结合韵脚特点,再读词作。

　　(2)关键词:结合情感基调,分别寻找关键词。

　　(3)填表:补充表格,品味江南不同韵味。

【任务二:揣摩意象明词情】

　活动一:制作江南之景明信片

　1.情境引入

　"寻梦江南"云端展厅的第二个项目是制作一组江南之景的明信片,请同学们一起欣赏江南景色,寻找制作底本,为他们出谋划策。

　2.紧扣关键词,寻找意象,分析江南静景

　　(1)关键词:"繁华"与"萧条"。

　　(2)探究:小组合作探究,找出两首词中的意象并分析图景。

　活动二:制作江南之景 VR

　1.情境引入

　除了静态的明信片,"寻梦江南"云端展厅策划组还想制作一组虚拟现实技术影像,让观众从听觉、触觉、嗅觉和味觉等多方面感知古代江南城市印象。

　2.合作探究,寻找意象,分析江南动景

　探究:小组讨论,找出两首词中适合做 VR 图景的词句。

　活动三:知人论世悟诗情

　1.问题引入

　两首词在意象的选用上为何有如此大的区别?一切景语皆情语,要了解这个问题,我们需要知人论世,了解作者与写作背景,从意象来揣摩诗情。

2. 知人论世,揣摩诗情

《望海潮》

(1) 思考:柳永身处江南,产生了怎样的情感?

(2) 明确:"归去凤池夸",说明是赞美与歌颂。

(3) 资料补充:柳永于宋真宗咸平末年(大约1002—2003年)创作了这首词。当时,柳永正计划从家乡前往京城开封参加礼部考试,途中经过钱塘(今浙江杭州)。杭州在宋代是一个繁华的大都市,其经济和文化的发展在当时都达到了一个高峰。柳永在游览杭州时,被其美丽的景色和繁荣的市景所深深吸引,于是决定为这座城市创作一首词。柳永便写下了这首《望海潮》,并使其在青楼中广泛传唱,以期望两浙转运使能够得知并邀请他前来拜访。此时距北宋灭亡还有一百多年,因此江南的繁华使柳永为之写下赞歌,是一种赞美与热爱之情。

【任务三:作江南评论】

1. 情境引入

为了表达治世之幸与乱世之悲,两首诗歌在手法运用上有所不同,而云端展厅策划组的最后一个项目正好是为江南写文学评论作为导语放在展厅首页,下面我们一起分析两首词作手法上的不同,为文学评论的写作提供素材。

2. 手法对比

《望海潮》

(1) 明确:铺陈、点染。

(2) 讨论:词中如何体现铺陈、点染?

(3) 探究:

① 铺陈:通过景物的层层堆叠表现杭州的繁荣,表达了喜爱赞美之情。

② 点染:点(正面点名情感的内涵):东南形胜,三吴都会,钱塘自古繁华/异日图将好景,归去凤池夸;染(用景物来渲染烘托所点明的情感):云树绕堤沙,怒涛卷霜雪,天堑无涯/烟柳画桥,风帘翠幕,参差十万人家/市列珠玑,户盈罗绮,竞豪奢。

《扬州慢》

(1) 明确:用典、对比。

(2) 讨论:词中如何体现用典、对比?

(3) 探究:

① 用典:"春风十里""豆蔻词工""青楼梦好""二十四桥"。

② 对比:今昔对比。

昔:淮左名都,竹西佳处/过春风十里/二十四桥仍在

今:尽荠麦青青/废池乔木/清角吹寒/冷月无声

【作业】

结合课堂所学,继续完成云端展厅的最后一项,即为寻梦江南写一篇文学评论,不少于 800 字,结合评价标准,进行自评与同学互评。

3. 评价与反思

这一版教学设计体现了过程性评价的重要性,但存在较多问题。

第一,情境创设不合理。一方面,云端展厅的情境设计太过虚假,高中的学生在上课时明确知道这是一种假设性的情境,不具有真实性,其中的明信片、VR 等制作不过是提及这个名词,具体的教学活动仍然是对诗词的解读。另一方面,情境设计与教学内容融合不紧密。任务一、任务二的活动三并未明确指出教学内容与云端展厅有何关联。

第二,这一单元属于"中华传统文化经典研习"学习任务群,单元导语及单元研习任务中所提示的教学重点是对古典诗词的诵读与欣赏,而这一教学设计的作业布置是写文学评论,这是不合理的。此外,作业应该是对课堂学习的巩固,不能是课堂的第四个任务,从此来看,这样的作业设计也不合适。

(二)"无情境"

1. 教学目标

① 在朗读中感受《望海潮》与《扬州慢》两首词的韵律,体会情感基调。

② 在小组合作中探究两首词中的意象与情感的差异。(重点)

③ 分析两首词不同的写作手法。(难点)

2. 教学过程

【导入】

几乎每一个中国人心中都有一个江南梦,我们从小就熟知白居易的"日出江花红胜火,春来江水绿如蓝,能不忆江南",苏轼的"欲把西湖比西子,淡妆浓抹总相宜",耳熟能详韦庄的"人人尽说江南好,游人只合江南老"。诗词真有一种神奇的魅力,它穿越千年与此刻的你我相遇,带你我神游千里,寻梦江南。这节课我们就围绕《望海潮》与《扬州慢》展开讨论,一起去欣赏江南的赞歌与悲吟。

【任务一：寻江南韵——因声求气品音韵】

1. 朗读：自由朗读、教师范读、学生体会。

2. 思考：两首词读来声韵有何不同？

3. 明确：从音韵学的角度来看，元音韵母 a 是开口音，在发元音时，气流在口腔中相对畅通无阻，读来气脉顺畅，所以给人一种畅快明朗的感觉；后鼻音 ng 是阻塞音鼻音，气流主要通过鼻腔而不是口腔排出，使得声音听起来更为浑厚和深沉。

4. 追问：为何词人要选择不同的韵脚？巧合还是有意为之？

5. 填表：以表格形式比较韵脚带来的情感基调与朗读方式的不同。

【任务二：赏江南景——揣摩意象明诗情】

活动一：欣赏静态江南之景

1. 紧扣关键词，寻找意象，分析江南静景

(1) 关键词："繁华"与"萧条"。

(2) 探究：小组合作探究，找出两首词中的意象并分析图景。

活动二：欣赏动态江南之景

1. 合作探究，寻找意象，分析江南动景

探究：小组讨论，找出两首词中多感官可感受的江南之美。

2. 总结对比，分析意象异同

(1) 总结引入：通过同学们的分析，我们了解到，同样是城，一座是繁华都城，一座是萧条空城。

(2) 填空：对比两首词中的意象。

示例：同样是城，柳永笔下是繁华都城，姜夔笔下是萧条空城。

活动三：知人论世悟诗情

1. 问题引入

两首词在意象的选用上为何有如此大的区别？一切景语皆情语，要了解这个问题，我们需要知人论世，从意象来揣摩诗情。

2. 知人论世，揣摩诗情

《望海潮》

(1) 思考：柳永身处江南，产生了怎样的情感？

(2) 明确："归去凤池夸"，说明是赞美与歌颂。

(3) 资料补充：柳永于宋真宗咸平末年（1002—1003 年）创作了这首词。当时，柳永

正计划从家乡前往京城开封参加礼部考试,途中经过钱塘。杭州在宋代是一个繁华的大都市,其经济和文化的发展在当时都达到了一个高峰。柳永在游览杭州时,被其美丽的景色和繁荣的市景所深深吸引,于是决定为这座城市创作一首词。柳永便写下了这首《望海潮》,并使其在青楼中广泛传唱,以期望两浙转运使能够得知并邀请他前来拜访。此时距北宋灭亡还有一百多年,因此江南的繁华使柳永为之写下赞歌,是一种赞美与热爱之情。

《扬州慢》

(1) 思考:姜夔身处江南,产生了怎样的情感?

(2) 明确:"予怀怆然",说明是哀叹与悲吟。

(3) 资料补充:《扬州慢》作于宋孝宗淳熙三年(1176),时作者二十余岁。宋高宗绍兴三十一年(1161),金主完颜亮南侵,江淮军败,中外震骇。完颜亮不久在瓜州为其臣下所杀。根据此前小序所说,淳熙三年,姜夔因路过扬州,目睹了战争洗劫后扬州的萧条景象,抚今追昔,悲叹今日的荒凉,追忆昔日的繁华,发为吟咏,以寄托对扬州昔日繁华的怀念和对今日山河破碎的哀思。

3. 总结

结合词句与写作背景来看,同样是江南,在战争前后呈现出繁荣与萧条的对比,不同时代词人所抒发的情感也由赞美转为哀叹。

【任务三:学诗词法——深入文本析手法】

1. 导入

为了表达治世之幸与乱世之悲,两首诗歌在手法运用上有所不同,让我们一起分析,在"寻梦江南"的活动中体会词的创作手法。

2. 手法对比

《望海潮》

(1) 明确:铺陈、点染。

(2) 讨论:词中如何体现铺陈、点染?

(3) 探究:

① 铺陈:通过景物的层层堆叠表现杭州的繁荣,表达了喜爱赞美之情。

② 点染:点(正面点明情感的内涵):东南形胜,三吴都会,钱塘自古繁华/异日图将好景,归去凤池夸;染(用景物来渲染烘托所点明的情感):云树绕堤沙,怒涛卷霜雪,天堑无涯/烟柳画桥,风帘翠幕,参差十万人家/市列珠玑,户盈罗绮,竞豪奢。

《扬州慢》

(1) 明确：用典、对比。

(2) 讨论：词中如何体现用典、对比？

(3) 探究：

① 用典："春风十里""豆蔻词工""青楼梦好""二十四桥"。

② 对比：今昔对比。

昔：淮左名都,竹西佳处/过春风十里/二十四桥仍在

今：尽荠麦青青/废池乔木/清角吹寒/冷月无声

【作业】

结合课堂所学,为这两首词写一篇文学评论,为"寻梦江南"的活动画上一个圆满的句号。不少于 800 字,结合评价标准,进行自评与同学互评。

3. 评价与反思

这一版的教学设计相较于上一版本来说改动不大,最大的区别是去掉了云端展厅的"假情境",而改为了"无情境"。没有情境创设本不是大问题,但因为直接去掉不合理的情境而使这一版本的教学设计环节生硬,三个教学任务自成一体,关联性较弱,同时其作业设置不合理的问题依然存在。

（三）真情境

1. 教学目标

① 反复朗读,感受《望海潮》与《扬州慢》两首词的韵律,体会宋词的不同风格。(重点)

② 通过小组合作,探究两首词中的意象与情感的差异。(难点)

2. 教学过程

【导入】

情境创设："读宋词,品江南"活动

几乎每一个中国人心中都有一个江南梦,我们从小就熟知白居易的"日出江花红胜火,春来江水绿如蓝,能不忆江南？",苏轼的"欲把西湖比西子,淡妆浓抹总相宜",耳熟能详韦庄的"人人尽说江南好,游人只合江南老"。诗词真有一种神奇的魅力,它穿越千年与此刻的你我相遇,带你我神游千里。这节课我们就围绕《望海潮》与《扬州慢》,进行品读宋词的活动,一起在宋词中欣赏江南的赞歌与悲吟。

【任务一:寻江南韵——因声求气品音韵】

1. 情境引导,品诗词音韵

(1)情境:在丝竹配乐声中寻找江南韵味,将两种不同风格的音乐与两首词进行对应。

(2)朗读:自由朗读、教师范读、学生比读。

(3)思考:两首词读来声韵有何不同?

(4)明确:韵尾不同。从音韵学的角度来看,元音韵母 a 是开口音,在发元音时,气流在口腔中相对畅通无阻,读来气脉顺畅,所以给人一种畅快明朗的感觉;后鼻音 ng 是阻塞音鼻音,气流主要通过鼻腔而不是口腔排出,使得声音听起来更为浑厚和深沉。

(5)追问:为何词人要选择不同的韵脚?巧合还是有意为之?

(6)填表:以表格形式比较韵脚带来的情感基调与朗读方式的不同。

2. 再读诗词,寻找关键词

(1)朗读:结合音韵特点,再读词作,体会宋词的不同风格。

(2)关键词:结合情感基调,分别寻找关键词。

(3)填表:补充表格,品味江南的不同韵味。

【任务二:赏江南景——对比分析品意象】

活动一:欣赏静态江南之景

1. 引入

造成两首词风格不同的原因不仅仅是声韵,其意象的选择上也各有特点。在品味了江南韵味之后,让我们继续读宋词,一起去赏一赏江南的风光。

2. 紧扣关键词,寻找意象,分析江南静景

(1)关键词:"繁华"与"萧条"。

(2)探究:小组合作探究,找出两首词中的意象并分析图景。

活动二:欣赏动态江南之景

1. 情境引入

江南并非单一的视觉盛宴,让我们从听觉、触觉、嗅觉和味觉等多方面感知古代江南城市印象,让画面丰富起来。

2. 合作探究,寻找意象,分析江南动景

探究:小组讨论,找出两首词中多感官可感受的江南之美。

《望海潮》与《扬州慢》联读教学设计的三次情境调整

3. 总结对比,分析意象异同

（1）总结引入：通过同学们的分析，我们了解到，同样是城，一座是繁华都城，一座是萧条空城。

（2）填空：对比两首词中的意象。

示例：同样是城，柳永笔下是繁华都城，姜夔笔下是萧条空城。

4. 总结

从多个角度分析了两首词的意象，《望海潮》运用铺陈与点染，通过景物的层层堆叠表现杭州的繁荣，而《扬州慢》则是以今昔对比的手法将扬州城的萧条与破败展现在眼前。这也提示我们在朗读的时候需要调动听觉、触觉、嗅觉、味觉，需要关注到意象的选用。

【任务三：悟诗词情——知人论世明词情】

1. 问题引入

两首词在意象的选用上为何有如此大的区别？一切景语皆情语，要了解这个问题，我们需要知人论世，从意象来揣摩诗情。

2. 知人论世，揣摩诗情

《望海潮》

（1）思考：柳永身处江南，产生了怎样的情感？

（2）明确："归去凤池夸"，说明是赞美与歌颂。

（3）资料补充：柳永于宋真宗咸平末年（1002—1003年）创作了这首词。当时，柳永正计划从家乡前往京城开封参加礼部考试，途中经过钱塘。杭州在宋代是一个繁华的大都市，其经济和文化的发展在当时都达到了一个高峰。柳永在游览杭州时，被其美丽的景色和繁荣的市景所深深吸引，于是决定为这座城市创作一首词。柳永便写下了这首《望海潮》，并使其在青楼中广泛传唱，以期望两浙转运使能够得知并邀请他前来拜访。此时距北宋灭亡还有一百多年，因此江南的繁华使柳永为之写下赞歌，是一种赞美与热爱之情。

《扬州慢》

（1）思考：姜夔身处江南，产生了怎样的情感？

（2）明确："予怀怆然"，说明是哀叹与悲吟。

（3）资料补充：《扬州慢》作于宋孝宗淳熙三年（1176），时作者二十余岁。宋高宗绍兴三十一年，金主完颜亮南侵，江淮军败，中外震骇。完颜亮不久在瓜州为其臣下所杀。根据此前小序所说，淳熙三年，姜夔因路过扬州，目睹了战争洗劫后扬州的萧条景象，抚今追昔，悲叹今日的荒凉，追忆昔日的繁华，发为吟咏，以寄托对扬州昔日繁华的怀念和对今日山河破碎的哀思。

3. 总结

结合词句与写作背景来看,同样是江南,在战争前后呈现出繁荣与萧条的对比,不同时代词人所抒发的情感也由赞美转为哀叹。而我们在朗读时也需要注意诗词的不同情感,读出赞歌与悲吟。

【作业】

(1) 创意朗读,自主选择朗读方式。

(2) 从意象对比、江南风光、兴亡更替等角度写下所思所感。

要求:不少于800字;原创。

结合评价标准,进行自评与同学互评。

(3) 评价与反思

这一版的教学设计是对前两个版本的完善与突破,破解了如何创设合理情境与如何布置作业的问题。

第一,真实情境的创设。"品读宋词"这一情境是真实可操作的,一整堂课的内容都在这一情境活动中进行,这便是"真情境"。在教学过程中,大情境套配乐朗读、意象分析、知人论世三个小情境,环环相扣,连接紧密。

第二,合理性作业的设计。创意朗读是对"品读宋词"这一大情境的巩固与拓展,所思所感的写作突破了写作文学评论的局限,是对单元探究活动中的诗词鉴赏任务的落实。

第三,课堂活动中的表格、填空与连线,作业中的评价标准皆体现了过程性评价的重要性,创意朗读更是将"教学评"一致性落到实处。

三、语文学科认知情境的运用

从"假情境"与"无情境"的初步尝试,到最终确立"真情境"的深入实践,这一教学设计的逐步调整与优化过程,不仅展现了《望海潮》与《扬州慢》联读教学策略的精细化调整,更是对情境教学法在语文教学领域内如何有效构建真实性情境的一次深刻探索与实践升华。在语文学科的教学实践中,情境的构建并非随意为之,而是需要根植于学科的本质特征,其中,学科认知情境因其直接关联学生的知识构建与思维发展,成为最为常见且最具实效性的情境类型。

在此背景下,语文教师在运用情境教学法时,必须紧密围绕语文学科的主体性,清晰界定语文课堂的核心价值在于语文性的彰显,即确保语言文字的学习、理解与运用始终处于教学活动的中心地位。这意味着,教学设计的重心应落在文本的深度解读上,强化对学生语文素养的综合培养,包括但不限于阅读理解、文学鉴赏、批判性思维及创造性表达能力的提升。情境虽作为促进学生学习的重要媒介,但其本质乃是一种教学手段,服务于教学目标的达成,而非教学的最终目的。因此,在情境创设的过程中,教师应秉持严谨的科学态度,避免为了追求形式上的新颖或热闹而牺牲了情境的真实性与教学的有效性。当面临无法找到恰当贴切情境的情况时,宁可回归"无情境"的纯粹文本教学,因为语文课堂本身就是一个充满语言魅力、文化韵味与思维碰撞的真实情境。这种情境,以其独特的学科属性,为学生提供了直接而深刻的语文学习与体验空间,是任何人为构建的情境所难以完全替代的。

参考文献

[1] 中华人民共和国教育部.普通高中语文课程标准(2017年版2020年修订)[S].北京:人民教育出版社,2020.

[2] 张志平.宋词鉴赏[M].长春:吉林文史出版社,2018.

[3] 秦元刚,姚文彬,任豫萱.教学改革情境下大学英语教学设计与实施[M].成都:电子科技大学出版社,2018.

[4] 中华人民共和国教育部.《中国高考评价体系》《中国高考评价体系说明》[J].中小学教材教学,2019.

[5] 陈喆.重视学科认知情境,培养真实语文能力——由2023年高考语文新课标Ⅰ卷谈起[J].语文建设,2023.

[6] 王军.指向高中语文情境教学价值回归的理论及实践探究[J].教学月刊(中学版),2022.

[7] 张兰芳.《望海潮》《扬州慢》比较阅读教学设计[J].中学语文教学,2021.

[8] 程凤.词入宋代双城联读历史兴衰——联读教学《望海潮》《扬州慢》[J].中学语文教学参考,2023.

【作者简介】

余彩娟,现为河南大学文学院2023级学科教学(语文)硕士研究生。

新诗教学的四重准备

——从《立在地球边上放号》《红烛》《峨日朵雪峰之侧》谈起

李灵玉

不论是《诗经》《离骚》之韵,还是唐诗宋词之美,一种新的文学形式的兴起是由不断变化的文化、技术和社会环境所推动的结果。新诗是"五四运动"前后社会转型时期产生的一种文学体裁,是一种现代诗歌形式,与传统诗歌体裁有所区别。它注重表现个人的内心体验和情感表达,常常运用自由的韵律和语言。2018年全国统一使用统编版教材,改换新教材意义在于更新教育内容、提高教育质量,并且确保学生学习的知识与时俱进,适应社会发展的需求和变化。新诗单元位于统编版必修上的第一单元,需要变换教法。实施新教法的教案必须对整个单元的课文有统筹规划。① 本文以统编版教材必修上第一单元的《立在地球边上放号》《红烛》《峨日朵雪峰之侧》三首新诗为例,谈一谈新诗教学前的四重准备。

一、研究编者慧心

编者将这三首新诗安排在统编版教材必修上的第一单元,本单元人文主题是"青春激扬"。学生进入高中阶段,有必要让他们通过学习经典作品,思考青春的内涵、青年的责任,养成积极向上、奋发有为的人格。这三首新诗都是对青春的吟唱,在教学时构建学习

---

① 温儒敏:《统编高中语文教材的特色与使用建议——在统编高中语文教材国家级培训班的讲话》,《课程·教材·教法》,2019年第10期,第4-9+18页。

情境,便于组织本单元所属的"文学阅读与写作"任务群的教学,完成"青春"主题的诗歌写作。

这三首新诗都是"青春"的倒影,只不过时代不同,青春的样貌也不同,但是都是中国历史节点上的文学幼苗。《立在地球边上放号》写的是"青春之力",学生通过这首诗歌可以感受青年郭沫若炽热的爱国之心,感受其推翻一切、破坏一切的"五四"力量;《红烛》写的是"青春之梦",这个梦是诗人甘愿奉献自我,点亮他人的创世梦,重点在围绕单元人文主题,懂得闻一多如红烛一般燃烧的拳拳爱国之心;《峨日朵雪峰之侧》写的是"青春之思",诗人思考自己与世界的关系,重新观照在自然中的自己,重新审视自然万物。

二、细腻解读文本

对新诗进行解读,需要教师对文本所描绘的艺术境界进行深入挖掘,对文本进行深入解读。可从以下几方面进行解读。

(一) 作者及写作背景

读诗如果不读背景,便好似盲人摸象。新诗最开始是进步青年用现代语言表达情感的一种诗歌体裁。"五四运动"和新文化运动对新诗的发展影响较大,当时的国内外形势、社会发展和人们的生活方式与现在都有很大的差异,如果不能知人论世,便不能充分体会诗歌情感。

例如,闻一多的《红烛》写于1922年其赴美留学时期,在异国他乡他经历良多,面对中国却在北洋军阀的统治下民不聊生的情况,其心中对祖国的爱与期望逐渐被现实所冷却,这也为其诗的深层内涵奠定了基础。在对红烛精神的一问一答、再问再答之中,也成就了那个在红烛精神里砥砺自我的诗人。

(二) 节奏

新诗的语言没有确切的节奏,字数也不相同,因此,要进行正确的朗读指导,要在停顿、急促、悠扬等节奏中走入诗人的境界。

下表为《峨日朵雪峰之侧》节奏划分示例:

我/小心地/探出前额	"探"字生动形象地写出了作者攀爬高山中途往身外看,是一种小心翼翼的姿态,不仅写出了山之高,也写出了当时的紧张,应当重读。

续表

惊异于/薄壁那边	稍停部分为语意划分。
朝向峨日朵之雪/彷徨许久的太阳	"彷徨许久的太阳"是作者爬到山壁上小心翼翼看到的景象,这种忽然感受到的自然的震撼应当通过重读的方式读出感觉。
正决然跃入/一片引力无穷的/山海	"决然跃入"一词,将太阳拟人化,那是一颗决然要下坠的落日,因此重读要读出坚决的感觉。 "引力无穷"一词需重读。与"决然跃入"呼应,营造出一幅落日雄浑壮美的图画。 "山海"音调下沉,与太阳落山情感呼应。

以上示例可以看出不同部分的朗读重点不同,需要根据句意、情感等方面来划分节奏,才能读出诗歌本身具有的美感,"书读百遍,其义自现",在朗读中体会诗歌内涵。

三、确定群文枢纽

枢纽的选择在教学内容中尤其重要,枢纽必须具备辐射性,辐射新诗的艺术特色、情感,以及今后的教学。例如,意象便可作为三首新诗教学内容的枢纽。

在这三首新诗中,有些意象是古典诗歌从未使用过的,如《峨日朵雪峰之侧》中的"蜘蛛"意象,作者通过"蜘蛛"这个意象意在说明真正的强大和坚韧不是外在形式,而是意志和心灵。又如《立在地球边上放号》中的"太平洋"代表人民,"地球"代表一种全新的视野,代表着诗人对"五四"时代"狂飙突进"精神的热烈讴歌。"红烛"意象,通常具有喜庆和热情的含义,单就"红烛"这个意象而言,宋词中的"红烛"多半是为了表达对往日缱绻柔情、甜蜜温馨的追忆,在《红烛》中"红烛"是诗人对一切为真理和国家进步而英勇献身的先觉者和殉道者的礼赞,也是闻一多赤诚之心的真挚写照。又如《立在地球边上放号》中的"白云"意象,古诗词"白云一片去悠悠"中"白云"有柔软清逸、恬淡自由的意思,而在本诗中"白云"代表的则是进步青年的力量。

从这些意象中,我们看到了新时代的诗人灌注的时代气息,看到了同一意象在不同诗人的笔下的不同寄托。通过这些意象,我们串联起了三首新诗的教学内容,引领学生揣摩新诗的意蕴和情感,感受新诗所带来的新的审美、新的思考。

四、设定情境及任务

新课标提出了语文教材中要完成18个学习任务群的要求。"任务"在新教材中的体现是教师要创设真实的学习情境,让学生完成真实的语文任务。

必修上册第一单元的新诗共三首,第一课时可以作为总领课,带出整个单元的人文主题"青春激扬",然后将目光聚焦于三首新诗。在"导入"环节,可以设计举办"青春之歌新诗朗诵大赛"等切实可行的情境。在这个大情境下,还需要设计一些任务来支撑。

1. 教师搭设一定的学习支架,提供相关的背景资料,引导学生深入体会诗作所体现的时代精神,领会诗人的理想与激情,让每位学生根据自己的阅读感受,编写能够串联起三首诗歌的主持词。

2. 学生在三首新诗中任选一首,制作朗诵脚本并有感情地朗读这首诗,读出自己的理解与感悟。如《红烛》中破折号"——"的多次出现,《峨日朵雪峰之侧》长单句的分行处理,均体现着作者的情感意蕴。

3. 反复诵读这三首诗,从"意象"和"语言"的角度出发,结合助读材料,小组合作研讨鉴赏新诗的方法,揣摩其中的意蕴和情感。如在《峨日朵雪峰之侧》中"蜘蛛"的形象分析中,思考诗中攀登者的形象。

4. 学生创作自己的"青春之歌",借鉴本单元诗歌在意象、语言方面的创作技巧,选择合适的意象,进行诗歌创作,并将优秀作品进行收录,编辑诗集作为纪念。

通过这一组任务群,学生从知人论世、感知诗意,到朗读体验、探究意蕴,最后进行读写实践,能够充分发挥主观能动性,完成朗读者、探究者、创作者的角色转化。

五、做好充分教学准备

新诗是教材中必学的板块。新诗具有独特的意象美、意境美、节奏美,同时其内涵性、哲理性和诗人独一无二的情感及表达,都能够带给人以美的熏陶。教师应对新教材做好充分的学习准备,对新诗文体进行深入研究,了解新教材的使用理念,按照统编版教材的教学要求来进行新诗教学,及时调整自己的教学及备课思路;教师只有自己做好研究,才能在课堂上深入浅出地进行教学。

参考文献

[1] 温儒敏.统编高中语文教材的特色与使用建议[J].语文学习,2019.

[2] 葛宇虹.意象与诗歌鉴赏[J].课程·教材·教法,2001.

[3] 施雯.高中语文新诗教学现状与改进策略[D].上海:华东师范大学,2010.

[4] 饶洁.新课程标准下的高中语文新诗教学策略[D].武汉:华中师范大学,2007.

[5] 郭赞.新课标背景下新诗教学策略[D].上海:上海师范大学,2009.

【作者简介】

李灵玉,山东省日照市新营中学语文教师。

师生共编课本剧在语文教学中的实践研究

张佳敏

当前的语文课堂,普遍存在教师满堂灌式讲课、学生被动接受学习等问题,这对学生学习兴趣的培养非常不利。如何有效地整合课堂资源、改进教学方式,促进学生对不同类型课文的深度学习,值得语文教师思考。在这一教学现状下,教师可以从课本剧改编入手,通过带领学生编演不同类型的课文,提高学生学习语文的兴趣,走出课堂教学僵化这一困境。

课本剧教学是把学生学习的课文改编成剧本,让真人来模拟课文中的情节、人物、语言,将课文内容生动形象地传达给学生的一种教学方式,利于学生更深入地理解不同类型的课文,走近人物形象,感受语言魅力。因此,在选择文本时,教师应选取具有生动、完整的故事情节,鲜活、灵动的人物形象和具有多样表达方式的文本进行演绎,在忠于原著的基础上,激发学生的创新活力,带领学生灵活、生动地编排不同类型的课本剧。

一、基于语言冲突,创设真实情境

黑格尔认为,剧中的人物是若干人在一起,通过性格和目的的矛盾,彼此发生一定的关系,形成其戏剧性存在的基础。对于编演课本剧而言,可以简单地将内部冲突看作"人物抉择"。人物抉择是塑造人物品格、传递创作主旨的关键步骤。[1] 在课本剧的编演过程

---

① 潘丹婧:《编演初中语文课本剧的思考与探索》,《内蒙古师范大学学报(教育科学版)》,2024年第1期,第77-81页。

中,具有矛盾冲突的课文更有利于刻画人物形象、推动故事情节的发展。因此,教师要思考所选择的文章是否具有完整生动的故事情节,人物之间是否存在强烈鲜明的矛盾冲突。

例如,统编本八年级下册的文言文《庄子与惠子游于濠梁之上》的教学,就可以采用课本剧的形式。这是一篇对话性很强的文言文,记录了庄子与惠子二人在濠水桥上游玩时进行的辩论。文中除了第一句用"庄子与惠子游于濠梁之上"介绍故事背景,下文均采用对话的形式,表现出了庄子"天地与我并生,而万物与我合一"的超然志趣。在教学时大部分教师可以很好地梳理文章大意,并让学生理解"安"等重点字词的含义。但是大意的梳理、辩论逻辑的合理性只是教学的一部分,教师可以带领学生从文字、语言方面领会古人的性格、智慧与气质。参照课本剧的模式,让学生分角色演绎庄子与惠子的辩论过程,激烈精彩的对话可以使学生领略古人的语言智慧,师生在课堂中仿佛穿越了千年,真正看到庄子和惠子的那场精彩绝伦的辩论。

此外,统编本九年级下册的《唐雎不辱使命》中,唐雎和秦王也有一场精彩的对话,文中大量的语言具有强烈的矛盾冲突,生动形象地表达出了人物不同的特点,适合教师组织学生编排为课本剧,在表演时可以从不同场景演绎。如场景一,表演"秦王使人谓安陵君"以及安陵君的拒绝;场景二,表演秦王威逼唐雎,但他坚定地拒绝了秦王,虽秦王已然不悦,唐雎仍然以"否,非若是也"坚定明确地表达了自己的态度;场景三,表演唐雎和秦王对于天子之怒的论证,表演的过程中"秦王"要注意人物语气愈加愤怒的情感变化,"唐雎"要演绎出他不卑不亢和步步紧逼的态度。此外,在表演过程中教师也要注意旁白的提示和表演环境的营造,创设表演环境时要充分利用身边的资源,如利用多媒体为学生提供表演背景、音乐、灯光等,以达到更好的学习效果。

二、基于人物形象,演绎角色故事

在选取课文编排课本剧时,教师要选取人物具有鲜明个性特征和人物关系清晰的课文,通过品味文本中对于主人公的动作、语言、心理等方面的描写,让学生更加深入、全面地理解人物形象、贴近人物本身,从而指导学生塑造出活灵活现的人物形象。

比如,对于《范进中举》的课本剧编排,教师可以先带领学生认真阅读文本,并在此基础上选取切入点,进一步开展表演活动。如先带领学生进行人物形象分析,可将范进、胡屠户、妻子、张乡绅等不同的人物在语言、动作、心理等方面的特点作为切入点,进行人物形象解读。以胡屠户为例,小说刻画了一个趋炎附势、嫌贫爱富的小人形象。令人印象最为深刻的就是他对于范进中举前后的态度变化,其态度在语言上表现得淋漓尽致。文章开篇,胡屠户辱骂范进是"现世宝穷鬼",并告诉范进对于我这样的人要恭恭敬敬,对于平民百姓不能以礼相待、平起平坐,否则就是坏了规矩。在范进找胡屠户要盘缠去参加乡试时,他竟然说其是"癞蛤蟆想吃天鹅肉",并一口啐在范进脸上。而在范进中举之后,其态度却来了一百八十度的大翻转,说范进是"天上的星宿""才学又高,品貌又好"。通过这一前一后的对比,胡屠户凶暴粗鄙、尖酸刻薄的嘴脸显露无遗。对于范进,带领学生揣摩其语言和动作,以及中举后的喜极而狂,有一定的讽刺意味。范进在中举后三次说道:"噫!好了!我中了!""噫!好!我中了!""中了!中了!"动作是飞跑、一脚踹在塘里、拍手(三次)、笑(三次);神态是"往后一跤跌倒,牙关咬紧,不省人事"。在编排课本剧时,教师一定要引导学生表演出这些能刻画胡屠户、范进形象的语言和动作。

表演课本剧时,教师要对有代表性人物的语言、动作进行深入的分析、讲解,让学生可以多角度、深层次、全方面地把握不同人物的特征,深入走进不同人物的世界,设身处地体会不同角色的语言、动作和心理状态,从而演活人物、再现故事。①

三、基于创新思维,鼓励学生创作

创新思维的培养是语文教学的重要任务之一,教师在带领学生深入理解文本的同时,也要注重对学生创新意识和思辨能力进行培养。基于此,师生在选取课文编写课本剧时,可以适当创新,而创新一定建立在学生深入理解文本之上。语文课文一般都内涵深厚、意义深刻,对于文本的理解并没有一个标准答案。正如莎翁所言:一千个读者就有一千个哈姆雷特。教师要擅长鼓励学生基于已有的知识经验和阅读文本时的理解,改编课本剧。但值得注意的是,在改编过程中,教师需提示学生遵守"改编不是乱编,戏说不是胡说"的原则。

例如,在《邹忌讽秦王纳谏》的教学过程中,教师可以鼓励学生发挥想象力,利用旁白和场景的布置演绎出邹忌和徐公的外貌、神态;文本中妻、妾、客在评价邹忌外貌时有不同的语言,编排时可以在不改变课文原意的基础上适当扩充,使得课本剧更加生动有趣。例如,教师可以带领学生研读文中邹忌询问妻子、妾室和客人外貌的语言,接着让学生想象

---

① 彭友万:《课本剧在初中文言小说教学中的应用研究》,赣南师范大学硕士论文,2023年,第43页。

对话时人物的神态,故事发生时的情景,编演出话外之意。学生在表演时,教师除了提醒学生要注意语气语调,如与妻子交谈时应是温柔、娓娓道来的,和妾室说话时会简短一些,语气不容置疑,而和客人交流时,会更加正式、客观地讲述,以及谈话内容遵循文本真实原则之外,其他的内容不必拘束学生,应让学生自由发挥。再如,针对文章最后一段的编排,教师可以引导学生表演群臣吏民在生活中发现了什么问题,是如何进谏,以及他们生活的变化,燕赵韩魏又是如何向齐国学习的。在课本剧编排过程中,教师引导学生充分发挥想象力来进行适当创新,这样既可以提高学生语言表达与运用能力,又可以锻炼学生的高阶思维能力,使教学更加生动有趣。①

在改编课本剧过程中,教师需要引导学生注意,可以扩充课文中人物的语言,对于文本的情节也可以在不违背主旨的基础上进行合理适度的删改。但仍要以"历史真实"为依托,结合具体历史事件分析人物形象。如聪明机智的邹忌不能变成为比美而谄媚的小人,鞠躬尽瘁的诸葛亮也不能成为保守固执的人物,擅于辩论、临危不惧的唐雎也不能反其道而行之对其批判。

课本剧创演必须凸显语文学习的核心价值和坐标意义,由此汇通多科内容,促进语文能力的高阶发展,从而带动整体能力的全面提升。② 在语文课堂教学中,通过利用编创课本剧的活动形式,可以有效地丰富教学活动,活化语文课堂,使每一位同学都能成为课堂的小主人。首先,在这种教学模式下,学生在掌握基础语言知识的同时,也提升了自身的语文学科核心素养;其次,学生通过发挥想象力和创造力编排出一个个不同的小剧本进行演绎,能够更加深入理解文章大意、人物形象以及文本的表达方式;最后,全班同学编制、表演、观看课本剧的过程,也是潜移默化地实现对其语文素养培育的过程。

参考文献

[1] 臧阿香.初中语文课本剧教学策略研究[D].陕西师范大学,2019.

[2] 赵文昌.新教育理念下初中语文戏剧教学中的合作学习初探[J].戏剧之家,2020.

[3] 洪媛媛.对初中语文课本剧辅助教学的思考[J].语文天地,2021.

[4] 肖战美,于钟民.用"四步课本剧法"培养学生语文核心素养[J].中国教育学

---

① 曹琴:《以〈邹忌讽齐王纳谏〉为例谈史传类文本的教学》,《中学语文》,2023年第30期,第25-27页。

② 蒋兴超:《课本剧创演:学习能力的重大攀越》,《基础教育课程》,2020年第19期,第41-47页。

刊,2021.

[5] 谢悦. 有滋有味学《史记》:语文校本课程学习方式例谈[J]. 中国教育学刊,2018.

【作者简介】

张佳敏,洛阳市东升第三初级中学语文教师。

关于《荷塘月色》教学解读的纠偏和重释

李俊依

《荷塘月色》作为经典篇目,在教材改编后,仍被保留在统编版新教材必修上册第七单元中,与《故都的秋》作为对比阅读同为第14课。本单元的其他篇目有《我与地坛(节选)》《赤壁赋》和《登泰山记》,单元导语明确指出,此单元选取的五篇散文,都是写景抒情的名篇,在培养审美情趣的同时,领会深厚的人文内涵。既要注重自然景物的描写、情景交融等手法,还要关注作者的人生思考。单元导语准确对应课标中工具性和人文性的要求。

但是,不管是从单元导语、课后的学习提示,还是从广大一线语文教师的教学实际来看,都更加侧重这篇散文的工具性,着重讲解修辞手法、用词、句式等艺术特色,对作者的人文内涵和人生思考关注不够。

一、突破"形散神不散",挖掘散文教学个性

目前,仿佛在语文教学领域已经形成了某种共识,讲到小说,就是环境、人物、情节三要素;讲到诗歌,则是"分析作者—通读文本—疏通大意—分析手法和情感—背诵成文";讲到散文,就一定要说"形散而神不散"。语文教学只做到这一步,是远远不够的,这一步仍然属于笼统概括的环节,文本的个性没有得到应有的挖掘。散文教学,应从普遍性到特殊性,凸显每个文本的个性。以本文讨论的《荷塘月色》为例,首先,散文的类型有很多种,抒情散文、叙事散文、写景散文等;其次,"形散神不散"是散文最大的文体特征,但是不同类型的散文,不同作者的散文都是不尽相同的,我们不能这样笼统概括,遮蔽文本和作家的个性。认真研读文本,不难发现,《荷塘月色》很难归为"形散神不散",反而更贴近"形不

散而神散",作者的整个行踪非常确定,就是写自己夜晚荷塘的散步,"形"可以说是很集中了,反倒是后面七、八、九自然段,可以说是思绪千里、神游八方了,但并非"形"散,而是"神"散。

因此,我们若想抛弃成规,就需要进行文本分析,于细微之处洞见作者的心灵。从普遍性到特殊性,最终要回归普遍性,这样,学生才不会只得到系统零碎的阅读方法。分析文本的个性之后,教师提炼总结,根据具体情况也可以开展拓展阅读、同类比较等活动,帮助学生获得系统的阅读技能,着眼于学生的长远发展。

二、整体把握文本,兼顾写景与抒情

如前所述,多数教师总是把文本写景的部分当作教学重难点,而忽视了文本后半部分的抒情文字。作者写江南采莲,突出了古时男女之间依依不舍的依恋之情,因此,作者称之为"那是一个风流的季节"。然而仅仅写采莲,还不够表达惆怅与落寞,又想起了《西洲曲》,由六朝到当下,是一场幻梦之旅,只不过六朝的江南采莲盛况与当下的寂寞荷塘形成了鲜明的对照,文章的主题倾向也不言而喻。因此,理解了文章的后半部分,可以帮助学生更深入地体悟作者的情感。五四一代,新旧交替,朱自清的生活是矛盾的,只能通过艺术创作幽婉曲折地表达出来。但关于"采莲"部分的描绘,容易被一些老师所忽略,只把重点放在艺术特色上,不管是从文本的整体性,还是教学目标人文性的要求来说,都是不全面、不恰当的。

总之,文章所表现的主要是朱自清的个人情感,与时代的政治背景关联不大,以月下荷塘为写作素材,投射自己的潜意识愿望——对于自由表达情感的向往。在教学过程中,可以适当地给学生介绍一些作者当时的人生际遇和家庭生活,而不是把重点放在时代背景和政治形势上。

三、关注人文内涵,深入理解情感层次

对于《荷塘月色》这篇文章来说,教学重点侧重于语文的工具性,景物描写、修辞等,以此培养学生的审美情趣;教学难点则为理解作者复杂的情感。教学重点不必作过多分析,这本身就是当前语文教学的重中之重,大多数教师把课堂大多时间用于艺术特色的分析。存在的问题主要是如何引导学生走进文本,走进作者内心,而非囿于教师一开始给学生灌

输的背景或定论,从而真正实现与作者的对话。

大多数教师受传统观点的影响,把这篇文章的主题归为社会学的政治功利价值——该文写于1927年7月,正好是四一二大屠杀之后,作者的苦闷反映了小资产阶级知识分子的彷徨。对此,孙绍振在《名作细读》中提到,如果是这样,从四月到写作时,中间应该有三个月,那应该说"这几个月心里颇不宁静",为何说"这几天"呢?① 社会背景和政治形势无疑会对个体产生影响,但是朱自清这篇文章的特点又凸显在什么地方呢?况且,人的心灵是丰富的,我们不能拿背景涵盖当时的所有作品。客观来讲,知人论世这样的方法论本身并没有错,但如果我们过度执着于对时代背景的解读,会适得其反,遮蔽文本本身的内在意蕴。这也是长期以来我们容易把《荷塘月色》归结为"抒发知识分子的苦闷"这一时代主题的原因。

针对此现状,当下涌现了一些新的更加关注作者内心的解读。以孙绍振为代表,他把文章主题定为"超出平常的自己和伦理的自由",认为朱自清感到的自由,是摆脱了作为丈夫、父亲、儿子潜意识里的伦理负担,和政治性的自由没有直接关系。如此解读,不管是从文本自身,还是读者来说,都是更为贴近的。这样的转变值得我们去反思已有的观念,更贴近地去分析文本。

综上,语文的课程改革还有很长的路要走,一些经典的文本也需要我们不断地去深挖和重释。在理论层面,语文教学和文本解读的研究是比较前沿的,但是落实到一线教学实际后,总是容易出现多种问题。理论的进步与实践的落实极易脱节,很多经典的文本长期被比较传统的解读所遮蔽,要改变这样的局面,还需要我们持续不断地努力。

参考文献

[1] 孙绍振.超出平常的自己和伦理的自由——《荷塘月色》解读[J].名作欣赏,2003.

[2] 刘红.从《荷塘月色》被删的文字谈其教学重点[J].语文建设,2013.

[3] 陈友勤.关于散文教学的若干断想——从教学《荷塘月色》说开去[J].语文建设,2016.

[4] 俞王毛.《荷塘月色》研究述评及教学建议[J].中学语文教学,2013.

---

① 孙绍振:《超出平常的自己和伦理的自由——〈荷塘月色〉解读》,《名作欣赏》,2003年第8期,第18-23页。

【作者简介】

李俊依,郑州市第一三〇中学语文教师。

素养导向下小学语文单元整体教学设计
——以统编教材六年级上册第三单元为例

杨 亮 姚鑫鑫

《义务教育语文课程标准(2022年版)》明确指出:"语文课程致力于全体学生核心素养的形成与发展""义务教育语文课程培养的核心素养,是学生在积极的语文实践活动中积累、建构并在真实的语言运用情境中表现出来的,是文化自信和语言运用、思维能力、审美创造的综合体现"。核心素养的综合性特征对教学目标的制定、语文知识的整合以及学习任务的推进等方面提出了更高的要求,由以往的只注重知识和技能训练的单篇教学,转变为指向语文学科核心素养的单元整体教学。

在核心素养语境下,单元整体教学以一个单元作为语文教学的基本单位,以单元人文主题和语文要素为基础,以统整的理念梳理教学内容体系,通过创设任务情境,将单元与单篇、单篇与单篇进行有机结合,建构结构化、系统化的学习活动。通过研习课标与教材编排、精准分析学情、研制教学目标、创设学习情境、设计具体教学任务、重构教学过程、开展教学评价等环节,学生将在"具体—抽象—具体"的学习迁移中产生持续循环的协同式思维,实现"整体大于部分之和"的效果,进而全面提升学生的语文学科核心素养。

本文以统编语文教材六年级上册第三单元为例,以"学习任务群"的方式呈现单元整体教学,改变以知识点、能力点线性排布的单篇教学内容框架,建构结构化、素养型的语文课堂。

一、系统分析,梳理单元整体教学的统整逻辑

崔允漷教授指出,大单元设计与原来的教材内容单元有所不同,最大的差异在于划分

单元的依据不只是内容,而是立足学科核心素养,整合目标、任务、情境与内容的教学单位。或者说,一个单元就是一个指向素养的、相对独立的、体现完整教学过程的课程细胞。① 因此,在进行整个单元规划和课时设计时,必须对整个单元进行系统、整体的分析,是需建立在课程标准、教材编排、基本学情的深度分析基础上的"再建构"。

六年级上册第三单元的人文主题是"读书好比串门儿——隐身的串门儿",语文要素是"根据阅读目的,选用恰当的阅读方法"和"写生活体验,试着表达自己的看法",强调的阅读策略为"有目的的阅读"。整个单元由三篇课文组成,分别是《竹节人》《宇宙生命之谜》《故宫博物院》,单元习作是"_____让生活更美好"。作为统编语文教材小学阶段最后的阅读策略单元,本单元承担着学生综合实际运用阅读方法、促进思维进阶的重要功能。

(一)对接课标,明确任务群定位

根据教材编排特点与课标内容,本单元属于"发展型"学习任务群的"实用性阅读与交流"。该任务群旨在"引导学生在语文实践活动中,通过倾听、阅读、观察,获取、整合有价值的信息,根据具体交际情境和交流对象,清楚得体表达,有效传递信息,满足家庭生活、学校生活、社会生活交流沟通需要"。同时,第三学段"学习内容"指出:"走进大自然,走进科学世界,走进社会,阅读参观访问记、考察报告、科技说明文、科学家小传等文本;学习记笔记、列大纲、写脚本、画思维导图等整理和呈现信息的方法;学习通过口头表述和多种形式的书面表达,分享观察自然、探索科学世界的所见所闻、所思所感。"②

从"学习任务群"的内容取向到"大单元教学"的实践主导,较好地完善了从"教材编者意图"到"教材执行者实践"的断层补位与变轨接应。③ 因此,教师以学习任务群为驱动,积极贯彻情境性、实践性与综合性的学习活动,从而落实核心素养培育,实现语文课程由知识本位向素养本位的转型。

---

① 崔允漷:《如何开展指向学科核心素养的大单元设计》,《北京教育(普教版)》,2019年第2期,第11-15页。
② 中华人民共和国教育部:《义务教育语文课程标准(2022年版)》,北京师范大学出版社,2022年,第23-24页。
③ 何必钻:《学习任务群理念下大单元教学的实施路径——以四年级上册第七单元为例》,《语文建设》,2022年第22期,第21-26页。

（二）纵横联结，洞悉教材编排

统编语文教材双线组元的特点，为集中编排的单元内容开展单元整体教学提供了坚实基础。各年段教学均重视"阅读"与"交流"，但其目标梯度不同，需要梳理层级，理清梯度，便于整体研读教材。纵向上，从三年级至六年级阅读训练要素分别为"预测""提问""提高阅读速度""选择恰当的阅读方法"，呈现出"参与阅读——提高速度——实际运用"这一螺旋上升的趋势（见教材编排梳理表）。横向上，这一单元的三篇课文以语文要素为贯通，充分利用助读系统，打通精读课与自读课的"隔膜"，将零散的语文知识、语文能力以及各种学习要求统整到"单元情境"与"单元任务"中，使学生在真实情境中通过自主学习、小组合作、项目学习、活动探究等多种方式完成相应的任务，有层次、有梯度地推进"有目的的阅读"，在阅读策略的进阶与内化的过程中指向核心素养的落实。

教材编排梳理表

册序	单元	阅读训练要素
三年级上册	第四单元	一边读一边预测，顺着故事情节去猜想。学习预测的一些基本方法。尝试续编故事
四年级上册	第二单元	阅读时尝试从不同角度去思考，提出自己的问题
五年级上册	第二单元	学习提高阅读速度的方法
六年级上册	第三单元	根据阅读目的，选用恰当的阅读方法

《竹节人》是一篇回忆性叙事文，阅读提示与课后练习相呼应，以三个不同的阅读任务引导学生体会"根据阅读目的，选用恰当的阅读方法"，进而提炼出"选读""细读""理读"的阅读方法；《宇宙生命之谜》是一篇科普说明文，借助旁批与课后练习展示思维过程，利用三个课内迁移活动指导学生学习如何根据阅读目的开展阅读，可重点引导学生思考文章写作顺序，再次锻炼学生"明确阅读目的——带着目的去阅读——筛选相关信息——完成阅读任务"的思维过程；《故宫博物院》是一组非连续性文本，通过游览路线的梳理与景点特点的讲解等生活化的学习任务，阅读策略实现从精读到略读、从书面到生活、多文本间的迁移与运用，体现从"学方法"到"用方法"的过程，遵循了从学到用、从易到难的习得规律。

阅读策略单元在教材编排上以语文要素的落实为核心，兼顾学段衔接，遵循螺旋上升的能力培育序列。梳理教材层级梯度，清晰把握单元内外部、年段与年段间的整体性序列，便于单元整体教学在语文能力目标与育人目标的衔接定位，达到素养育人的目的。

（三）关联学情，逆向设计目标

有意义的学习产生在学习者将教学内容与自己的认知结构联系起来的时候，其先决条件是学习者具备意义学习的意愿心向。① 然而，在单元整体教学中，学生的已有经验与知识基础更加复杂多样，简单模糊的主观描述无法深入、全面地呈现学生的情况。因此，教师要立足于单元整体视域，聚集核心素养，构建学情分析连续体，即以"课前分析已知—课中分析状态—课后分析结果"为框架持续关注学情，并将学情分析与具体的教学目标、教学过程、课堂评价有机串联起来。②

一是学前诊断性分析。结合本单元的教学内容利用问答统计，科学分析学生对阅读策略的习得与运用情况，充分了解学生的学习经验与能力基础，分层级地确定教学目标。二是学中形成性分析。通过对学生的"望闻问切"，教师借助学生的发言、提问、情绪和作品等信息，对其思维过程、学习成效和心理调适情况进行过程性"把脉"和差异化分析，形成相应的教学策略。③ 三是学后终结性分析。通过真实情境与整体任务分析学生核心素养的综合落实情况，判断学生在本单元学习中的收获与需要改进的方面。因此，从逻辑起点、难点与提升点三个层面分析学情：学生掌握了浏览、跳读、圈画重点词句等多种阅读方法，阅读有一定的速度；但在自主阅读过程中对于阅读方法的选择和运用少，能快速阅读但并未达到高速、高效阅读；提升在于能够根据实际需要、阅读目的选择恰当的阅读方法，提高阅读效率，促进对文本的理解。

格兰特·威金斯等提出有效的课程是"以终为始"开展设计的，即在确定教学目标后，首先考虑教学效果的评价（教学目标达到的证据），学生能获得什么样的学习成果，形成何种素养，将评价贯穿整个教学过程，并与课程目标同步设计，实现"教—学—评"一致性。④ 基于学情与"理解"的两个标准，单元目标从素养维度进行分层级统整，兼具评价标准的功能，设计如下：一是语言运用方面，学生能够在阅读中抓住要点，找出有价值的信息，有条理地发表观点；文从字顺地表达所思所想，形成个体语言经验。二是思维能力方面，学生

---

① [美]奥苏伯尔著，佘星南、宋钧译：《教育心理学：一种认知观》，人民教育出版社，1994年，第143页。
② 李想，国红延：《单元整体教学中学情分析连续体的设计与实施》，《中小学课堂教学研究》，2024年第9期，第19-23页。
③ 耿文强：《地理学情分析的有效策略》，《教学与管理》，2015年第6期，第70-72页。
④ 格兰特·威金斯，杰伊·麦克泰格：《追求理解的教学设计》，华东师范大学出版社，2017年，第13-20页。

能根据不同阅读目的与任务，筛选阅读材料，运用选读、精读、理读等合适的阅读方法整理和呈现信息，达到阅读目的，提高理性思维能力。三是文化自信方面，感受传统玩具乐趣和故宫历史文化，增进对中华优秀传统文化的理解与认可；学习科学家的探索创造精神，培养关注和参与当代文化生活的兴趣，拓宽文化视野。四是审美创造方面，学生能够在阅读中发现、感受、欣赏儿时回忆之美、浩瀚宇宙之美与故宫建筑之美，并用语言文字记录、表现、创造美，提升感受美、表现美和创造美的能力，培养健康向上的审美观念。

二、科学组织，重构单元整体教学的实施框架

在系统分析基础上重构教材内容，进行单元整体规划，统筹安排与科学设计各个教学环节：确定主题——明确目标——逆向设计（评价早于活动设计）——创设情境——结构化任务、递进性活动——课型、课时、作业、测试。在明确单元目标与主题的基础上，灵活处理教材内容，创设统领性、真实性、联动性的学习情境，以教学结构图的形式系统展现单元整体教学设计，努力实现教学效果的最优化。

（一）整合资源，创设真实情境

立足核心素养和学习任务群的语文新教学强调，语文学习任务和活动都要在具体的语文学习情境中展开和完成。① 语文知识的获取与素养能力的提升需要在"做中学"，在解决实际语言文字运用问题的动态过程中，接触、理解、探索、运用、迁移语文知识。因此，教师应立足生活实际，创设真实且富有意义的情境贯穿于单元整体。

本单元人文主题"读书好比串门儿——隐身的串门儿"，为单元整体教学提供情境创设的基础，反映了大作家杨绛对读书的深刻理解。用"串门儿"来比喻读书，是要突出读书的交往和探究特征。读书就像串门儿一样，走进别人家里，看看人家的居住环境与生活方式；和主人聊聊天，了解主人的所思所想……读书就像串门儿一样，成了作家观察生活、理解世界、与他人交流的重要方式。孩子当然也有串门儿和读书的经验，但在孩子心中，读书和串门儿是两回事。串门只是一种日常行为，与读书并不相干。要让学生将读书和串门儿联系起来，体验"读书过程就是交往过程、探索发现过程"这个深层意义，教师的引领

---

① 刘飞、黄伟：《新课程理念下语文课堂教学体系重建——基于〈义务教育语文课程标准（2022年版）〉的分析》，《天津师范大学学报（基础教育版）》，2022年第4期，第1-6页。

就非常重要。

情境创设在整合各类资源的基础上,可确定为:人们常说,博物馆记录着悠久的历史,诉说着灿烂的文化。跟随书本的脚步去文中的博物馆串串门儿,体验童年老物件的乐趣,探索天文宇宙的神奇奥秘,欣赏故宫建筑的壮阔雄伟。博物馆,这个承载着厚重历史与璀璨文化的宝库,正静静地等待着每一位探索者的到来!

(二) 统筹安排,搭建任务结构

学习任务群应具有"结构化"的特征,"结构化"意在强调语文学习任务之间相互呼应、螺旋上升,各项学习任务形成任务连续体。① 以教学任务结构(见下表)为载体,将复杂多样的语文知识与语文要素进行有效整合,呈现出互为关联的统整状态。

整体观照第三单元的内容,基于真实学习情境和驱动型学习任务,创设四个学习任务,即感受策略、学习策略、实践策略、迁移策略,让学生通过"感受学习——回顾运用——反思迁移尝试"完成阅读的进阶,充分打通单元内部的单篇隔膜,实现横向关联与纵向进阶,由散状的线性分布知识进阶为块状汇集的有序组织状态,让学生在活动中实现阅读素养自然生长。

单元教学任务结构

主题	学习任务	学习内容	课时	主要活动	
有目的地『串门儿』	感受学习:逛逛民俗博物馆	单元导读《竹节人》	3	编写竹节人指南	纵向进阶 横向关联
				体验竹节人玩法	
				讲述玩玩具趣事	
	回顾运用:探索天文博物馆	《宇宙生命之谜》	2	自主阅读理思维	
				比对探究找异同	
				移居火星共辩论	
	反思迁移:解说故宫博物院	《故宫博物院》	2	定制私人游览路线	
				打造景点专属名片	
				撰写个性化讲解稿	

---

① 贾阳、徐鹏:《语文学习任务群视域下的单篇教学与单元教学》,《中学语文教学》,2022年第11期,第7页。

三、深度训练,规划单元整体教学的任务设计

学习任务群上连核心素养,下为学习任务的创设提供目标指向和内容提示,起到联系中转的作用。① 在任务群"实用性阅读与交流"的"吸附"下,统整融合单元教学内容与语文学习各要素,寻找文本内容与学生生活的关联点,通过进阶性、趣味性的单元任务设计,学生能够在关键性学习活动中充分发挥自主探究能力,促进思维灵感发展。

(一)感受学习:逛逛民俗博物馆

《竹节人》在于带领学生初步尝试有目的地阅读,重点在于"阅读目的不同,关注的内容不同,采用的阅读方法不同"。以此为基础,通过"编写竹节人指南""体验竹节人玩法""讲述玩玩具趣事"三个任务,引导学生构建有目的地阅读的思维模式,让学生在"明确阅读目的——带着目的去阅读——筛选相关信息——完成阅读任务"的思维链条中提升阅读素养。

【主要内容】以童年老物件的图片为导入,充分激发学生的表达欲,勾连文本与生活、父母、同学间的联系。以本课所给出的三个任务为目的驱动,以阅读单为支架进行自主阅读,从制作竹节人、体会乐趣、讲述故事三个维度形成对文章的整体认识。在重构阅读单的基础上,利用表格与评价单,小组合作完成制作与玩法指南,并根据评价完善制作指南;引导学生借助关键词,说一说竹节人的制作流程与玩法,同时联系个人生活经历,分享玩玩具的小趣事。(见下表)

【设计思考】《竹节人》作为一节精讲引领课,要重视发挥其指导引领的教学功能,在提炼出"选读""细读""理读"的方法之后,在学习略读拓展课文时,就要注重阅读策略的迁移与运用,体现从"学方法"到"用方法"的内化过程。在分层作业设计上,统筹兼顾作业分层,即"基础型作业""拓展型作业"和"实践型作业",针对学生的素养水平与个性差异,以单元目标为导向,坚持素养本位,为学生提供有梯度分层的作业任务,达到因材施教、减负增质的教学效果。评价支架和多元评价的形式,是作业分层落地生根的两大利器。② 如

---

① 孙国园:《核心素养下中小学语文知识的整合路径与编排呈现》,《小学语文》,2023年第5期,第33-39页。
② 包有德、范颖琛:《小学语文分层作业设计新样态的探析——以统编教材六年级上册〈竹节人〉为例》,《福建教育学院学报》,2024年第3期,第72-74页。

"编写竹节人制作与玩法指南"这一拓展型作业，引导学生根据阅读目的筛选、整合文本信息，培养学生提取有效信息、口语表达与逻辑思维的能力。同时提供评价支架进行多元化评价，以评价促进文本理解与作业完善。

"逛逛民俗博物馆"阅读单与评价单

主要活动		搜集信息	主要内容	评价标准	自评互评
任务一 感受学习：逛逛民俗博物馆	编写竹节人指南	工具材料		写清楚制作材料与工具，无遗漏。能分步体现制作方法，图文并茂，步骤清晰；玩法指导有图示，生动清晰；讲解内容生动、口语化、通俗易懂	
		制作步骤			
		注意事项			
		讲授玩法			
	体验竹节人玩法	正面描写		能够准确区分并识别出文章中关于竹节人玩法的正面描写和侧面描写；能够筛选出关键信息，并提炼成简洁明了的语句填写在阅读单上	
		侧面描写			
	讲述玩玩具趣事	起因		能够定位并筛选文中关键信息，并提炼成简洁明了的语句填写；语句通顺，语速适中，完整流畅，条理清晰	
		经过			
		结果			

（二）回顾运用：探索天文博物馆

【主要内容】《宇宙生命之谜》在《竹节人》思维链条的基础上把侧重点放在根据阅读目的，选用恰当的阅读方法上，即重在阅读策略的运用与语文素养的训练。活动一：自主阅读理思维。找一找、写一写、讲一讲在自主阅读中如何选择信息、如何解决问题，实现思维外化。活动二：比对探究找异同。对照课文中"学习小伙伴"的阅读思考过程，想一想："学习小伙伴是怎样带着阅读目的一步步展开阅读，解开地外生命之谜的？这些方法和自己的有什么异同点？"进而明确"有目的的阅读"方法：找关键句、浏览、提取关键信息、比对、查找资料等。活动三：移居火星共辩论。在学习辩论规则的前提下，以"人类是否有可能移居火星？"为辩题，定位、提取、整合信息，可从火星生存条件与危害这正反两面展开辩论。

【设计思考】联系课后习题与批注，帮助学生回顾之前所学的阅读方法，将其应用于阅读实践，完成阅读任务：解答人类是不是唯一的存在，其他星球是否存在生命？可以采用多种阅读方法：浏览、圈画关键词、提取重要信息、细读重要部分等。将"明确任务——锁定内容——提取信息——得出结论"的完整思维过程进行再次验证与实施。课后设计了两个探究任务:科学家是怎么判断其他星球有没有生命的?人类是否有可能移居火星?可以运用"罗列要点"与"对比印证"等阅读方法,引导学生针对不同的阅读目的开展新的阅读活动,进一步体会什么是"有目的的阅读",在阅读实践中巩固习得的阅读方法。

(三) 反思迁移:解说故宫博物院

【主要内容】活动一:定制私人游览路线。在对这篇非连续性文本有初步感知的基础上,结合材料一中故宫博物院的布局特点、材料三中官方制定的游客参观路线以及材料四中故宫博物院平面示意图,了解故宫大致布局。同时,根据预习单中提前了解的参观对象——家人的游览需求进行交流探讨,统整信息,梳理游览路线。活动二:打造景点专属名片。在文本中挑选准备讲解的景点,以景点名片为载体,将阅读策略进行生活化迁移,如从位置、外面、内饰、作用、有关故事及查阅资料补充六个维度打造太和殿的专属名片。活动三:撰写个性化讲解稿。根据个性化需求梳理讨论讲解要点,如内容科学丰富,兼具口语性、互动性与通俗性。其中若要讲解的景点材料里的信息较少,需要查找资料进行补充,如纪录片《故宫100》《我在故宫修文物》等,并在组内练习讲解,评价修改完善。

【设计思考】图画主要以空间要素叙事,但多图的连缀会形成线性序列;文字主要以时间序列叙事,但截取片段文字会使读者产生空间画面感。[①] 在这组非连续性文本中,"图文共读"利于引导学生"将多样化的空间系统编入情节的线性结构中",锻炼学生的空间思维能力。从任务设置上来看,阅读目的与现实生活需要相呼应,根据阅读目的筛选并整合有效信息,完成任务并为现实生活服务,体现了语文学习的现实意义。

通过以上三个单元任务的梯度学习,学生通过自己的观察、阅读、查找、思考、统整、运用、迁移……最后落在书面写作与口语交际活动,这样进阶性的单元整体任务单的学习形式,有效地在素养本位与任务群载体中完成单元的整体教学。以目标任务为驱动的阅读策略不仅很好地解决了"单一阅读"的惯性与线性解读问题,也为学生搭建了阅读支架,充分发挥学生的主观能动性,让单元目标中的语文核心素养指标在单元整体任务单学习的过程中落地生花。

[①] 黄凯:《语文教材的插图叙事与教学空间的生成》,《课程·教材·教法》,2021年第4期,第88-92页。

四、设计评析与反思

小学语文传统的教学模式,将师生大量精力用在单篇课文、段落及基础知识的铺垫梳理上,在机械重复的记忆与训练中学习线性、惰性、碎片化的语文知识,知识的结构化整合与教学环节的多维度关联都有待提高。随着新课改持续推进,单元整体教学的意识受到更广泛的关注。单元整体教学的设计与实施要聚焦语文核心素养,以单元人文主题和语文要素为切入点,以内容整合程度为标准,以此来确定基础型、发展型以及拓展型任务群,构建情境化、结构化、系统化的语文课堂。

(一)核心素养导向,由单篇阅读向整体教学深化

单元整体教学聚焦学生核心素养的培育,以语言运用为贯穿始终的基础和核心,同时兼顾思维能力、审美创造、文化自信,在把握语文要素、明确重难点内容、理论结合实际等多种方式渗透核心素养。传统的单篇阅读教学模式往往侧重于对单一文本的深入解读,而核心素养导向下的整体教学更加注重知识的系统性和连贯性,这就需要教师以更高的站位,处理好单篇与单篇、单篇与单元、单元与单元之间的关系。

在单篇与单篇的关系处理上。单篇文本都不是孤立存在的,而是整个知识体系中的一个节点,应重视单篇的基础性作用,架起文本间的关联性,从而构建起更为完整和系统的单元知识体系。在单篇与单元的关系处理上。以单元素养目标为导向,将单篇课文的教学置于单元整体之中进行考量,有针对性地选择和组织教学材料,充分发挥单篇文本的教学价值。在单元与单元的关系处理上。以宏观的教材编排视角,关注知识的螺旋式上升和能力素养的逐步累积,合理安排教学进度和难度,实现核心素养的持续提升。

需要注意的是,在单元整体教学实践中,要由"面面俱到"转向"有的放矢"。根据单元整体目标,以语文要素"有目的的阅读"为训练目标,精心选择和组织文本资源,有计划地舍弃字词梳理、朗读指导和句段品析等常规任务,更好地实现阅读策略在"学习感受——迁移运用——反思实践"中系统锻炼学生的阅读能力与思维逻辑,打通多文本间的关联因素,实现"整体大于部分之和"。

(二)实用阅读回归:由书本知识向现实生活迁移

逛逛各类博物馆不仅是学生的真切经历,更是他们将书本知识向现实生活迁移的重

要途径。在"民俗博物馆"中玩竹节人配解说,在"宇宙博物馆"中辩论火星移居的可能性,以及在"故宫博物院"中化身家人的小导游等任务,都规定了学生语言运用的具体情境、对象、条件,是学生在深入理解文本的基础上,于真实情境中展开的"实用性阅读与交流"。通过游览系列博物馆,以趣味性任务为驱动,将学生带入真实的语言环境,实现生活逻辑与学科逻辑的融合,引导学生根据自己的观点、具体的交际情景和对象,进行个性化的信息传递,达到深度阅读与学以致用的教学效果。

(三)任务支架统摄:由知识灌输向听说读写练过渡

单元整体教学设计并非知识点的简单叠加和不同版块内容之间的简单勾连,而意在构建教学的整体意识,以整合化、情境化、结构化和评价多元化为原则,以任务支架为统摄,利用多样化学习方式,将单篇课文与单元整体、课文和实际生活、学生的学与教师的教相互结合、相互促进。在《竹节人》中初次感受"有目的的阅读",习得方法。后两篇展开自主阅读实践,练习"如何进行有目的地阅读",实现学练结合的进阶式阅读,以"有目的的阅读"为主线,促进听说读写的充分融合,引导学生主动地阅读、积极地分享、创意地表达。

然而,单元整体教学的设计与实施尚不成熟,存在很多有待辨析与解决的理论问题、实践问题。例如,如何设计更具创新性和适应性的教学活动以适应不同学生的学习需求、如何有效评估单元整体教学对学生核心素养提升的实际成效等问题,需要在单元整体教学的具体实践中,在"建构—重构—解构"中不断丰富和完善单元整体教学的理论与实践体系。

参考文献

[1]崔允漷,等.新课程关键词[M].北京:教育科学出版社,2023.

[2]易克萨维耶·罗日叶.为了整合学业获得:情境的设计和开发[M].汪凌,译.2版.上海:华东师范大学出版社,2010.

[3]格兰特·威金斯,杰伊·麦克泰格.追求理解的教学设计[M].闫寒冰,宋雪莲,赖平,译.2版.上海:华东师范大学出版社,2017.

[4]崔允漷.如何开展指向学科核心素养的大单元设计[J].北京教育(普教版),2019.

[5]王荣生.事实性知识、概括性知识与"大概念":以语文学科为背景[J].课程·教材·教法,2020.

[6]蒋剑秋.单元整体教学内容重构的基本逻辑与技术路径[J].教学与管理,2024.

[7]李怀源.基于课程标准的小学语文单元整体教学设计[J].语文建设,2024.

【作者简介】

姚鑫鑫,河南大学文学院2023级学科教学(语文)硕士研究生。

后 记

在这本承载着智慧与汗水的著作即将付梓之际,作为编者,我怀揣着对过往岁月的深深敬意与对未来的无限憧憬,将我们共同走过的路程,以文字的形式,轻轻铺展在您的面前。这不仅是对一段专业旅程的回望,更是对教育部首期名师领航培养计划丰硕成果的深情致敬。

河南大学作为首批国家"双一流"建设高校,并长期承担着"国培计划"项目,着力建设新时代高素质专业化创新型教师队伍,创建名师培养基地,具有深厚的理论支撑和丰富的实践经验,目前已取得多个名师工作坊挂牌、课题立项等成果。为落实《关于全面深化新时代教师队伍建设改革的意见》,按照《教师教育振兴行动计划》工作安排,教育部于2018年启动"国培计划"中小学名师名校长领航工程。河南大学成为"国培计划"中小学名师领航班培养基地,文学院初中语文学科名师培养基地成功获批。正高级中学语文教师张晓慧、台桂莲成为本学科名师培养基地的首批学员。两人积极发挥"名师工作室"的示范引领作用,立足实践,开展"精准语文"课题研讨会,将其教学经验、教育思想理论化,为培养新一批教育名师贡献自身智慧。同时,也反映出我校在"名师领航班"学员培养上取得的显著成效,显示出教育部"名师领航工程"基地发展的蓬勃生命力。2019年河南大学教育部名师领航工程学员赴新疆伊犁哈萨克自治州察布查尔锡伯自治县参加送教活动;2020年疫情防控期间,河南大学"名师领航"班学员张晓慧、台桂莲参加教育部关于云南省怒江州教育帮扶视频会议,其中杨威作为河南大学"名师领航工程"基地的学员代表、"台桂莲名师工作室"的骨干教师参加教育部首批怒江州支教教师研修班暨怒江州教育帮扶行动。活动以提升新疆察布查尔县、怒江州教师整体素养为主线,以名师领航工程学员所在校派遣老师驻校支教为中心,以一个国家级专家团队、一所当地高校和多所学校、教研机构共同推进的"1+1+N"精准帮扶为支撑,辅以社会捐赠和送教援培,起到引领教学教研、促进教师成长、改善教育生态的作用。2020年11月,本学科选送的《"T-UPM"培养模式下的河南大学名师领航工程》入选"国培计划"优秀培训实践案例,致力于造就学科知识扎实、专业能力突出、教育情怀深厚的高素质复合型教师,着力推进基础教育与高等教育内涵式发展。

《豫见名师——语文教学案例精粹》的编写,源自对语文教学现状与未来的深刻反思与美好憧憬。我们深知,语文教学不仅是知识的传授,更是灵魂的触碰与文化的传承。因此,我们渴望通过这本书,将河南省内外优秀语文教师的教学智慧与经验,如春风化雨般播撒到更广阔的教育田野上。在编写过程中,我们得到了众多名师的鼎力支持与无私奉献。他们不仅是教学的佼佼者,更是教育的思考者与探索者。他们的精彩案例与深刻反思,为本书增添了厚重的底蕴与独特的魅力。随着新课标的颁布,语文教学迎来了新的发展机遇与挑战,我们不仅要注重学生的知识与技能培养,更要关注他们的情感与价值观塑造。正如朱光潜先生所言:美是客观方面某些事物、性质和形状适合主观方面意识形态,可以交融互贯,从而成立的完整形象。在语文教学中,我们也要追求这种"美"的交融与互贯,让学生在知识的海洋中畅游,在情感的天空里翱翔。

书中,我们见证了名师们如何以核心素养为本,注重时代性,守正创新地推进语文课程的深层次改革。他们不仅关注教材的解读与运用,更重视教学方法的创新与实践。如台桂连老师所主持的"国培计划"名师名校长领航工程工作室,便是对教师教学能力提升的一次有力探索。她通过引领教师们深入研读课程标准,明确评价要求和评价标准细则,从而不断提升自己的教学水平与专业素养。在本书的编纂过程中,我们深刻感受到了名师们对于教学实践的执着与热爱。他们不仅善于总结经验,更勇于反思自己的教学行为。正如王栋生老师所言:"语文教师应当热爱写作。"名师们正是以自己的实际行动践行了这一理念,他们不仅在课堂上挥洒自如地传授知识,更在课后笔耕不辍地撰写教学心得与反思。这种对教学的热爱与执着,正是他们铸就教学辉煌的重要基石。

这本书的编写也离不开众多人的支持和帮助。我们要感谢为本书提供优秀案例的名师,是他们用自己的课堂和经验为我们提供了宝贵的素材;我们要感谢为本书提供帮助的教育工作者和学者,尤其是宋卫中老师;我们还要感谢那些为这本书的出版付出辛勤努力的编辑和工作人员,是他们的辛勤劳动让这本书得以顺利问世。

在此,我想引用英国著名教育家怀特海的一句话来作为本书的结语:"教育的目的,是激发和引导学生的自我发展之路。"愿这本书能够成为一面镜子,映照出河南教育名师的光辉形象;也愿它能够成为一座桥梁,连接起更多人对教育的热爱与追求。让我们携手共进，为教育事业贡献自己的力量，共同书写更加辉煌的教育篇章！回望这段编写历程，心中充满了感激与敬畏。感激能有机会与这些名师相遇，敬畏于教育事业的伟大与神圣。愿这本书能够成为一束光，照亮更多人前行的道路；也愿我们每一个人，都能在教育这片沃土上，绽放出属于自己的光彩。

在本书中，我们悉心标注了所有案例及引用的出处，确保每一份思想的火花都能追溯其根源。同时，我们衷心感谢那些在前辈与同人的论著中默默耕耘的老师们，正是他们无私的奉献与不懈的努力，语文教育的火炬才得以代代相传，熠熠生辉，不断照亮着前行的道路。